Schritt für Schritt zum Expertenbuch

Marketing für Unternehmer

Wie du dein Buch schreibst und damit deinem Business auf die Sprünge hilfst – Für mehr Reichweite & Sichtbarkeit.

Mirjam Saeger

Umschlag: 99designs - iva23

Lektorat: LektoratPlus

Fotos/Grafiken: Domink Pfau, Christina Pörsch, privat

2. Auflage

Expertition

Holte 5

51688 Wipperfürth

ISBN

Paperback: 978-3-9822312-6-6

E-Book: 978-3-9822312-7-3

Liebe Lesende, ich habe mein Bestes gegeben, um sämtliche Geschlechter in diesem Buch anzusprechen, und weitestgehend genderneutrale Begriffe gewählt. Trotzdem wird aus Gründen der besseren Lesbarkeit bei Personenbezeichnungen und personenbezogenen Hauptwörtern zum Teil ausschließlich die männliche Form verwendet. Entsprechende Begriffe gelten im Sinne der Gleichbehandlung aber grundsätzlich für alle Geschlechter und beinhalten keine Wertung. Als Ansprache habe ich das wertschätzende „Du" gewählt.

Über die Autorin

Mirjam Saeger ist Autorin, Ghostwriter, Autorencoach und Mentorin für Ghostwriter und unterstützt Expertinnen und Experten dabei, ihr Buchprojekt mit Leichtigkeit von A bis Z zu realisieren.

In ihren Mentoringprogrammen begleitet sie angehende Autorinnen und Autoren dabei, zu entdecken, welches Wissen und welche Geschichten in ihnen stecken und wie sie diese mit der Welt teilen können.

Wortakrobaten unterstützt Mirjam mit ihrer Ghostwriting-Akademie auf dem Weg zum erfolgreichen Ghostwriting-Business.

Ihre 7-Wochen Buchchallenge begleitet angehende Autorinnen und Autoren auf dem Weg zum eigenen Buch.

Sie lebt mit ihrem Mann und ihren beiden Kindern im Oberbergischen nahe Köln. Ihre zweite Heimat ist die Ostsee.

Kontakt und weitere Informationen:

https://mirjam-saeger.de

kontakt@mirjam-saeger.de

Zur 7-Wochen-Buchchallenge:

Dieses Buch widme ich meinen beiden Kindern Sven und Sonja.

Ihr seid die beste Inspiration, die ich habe –

und ihr seid Gewinner, vergesst das bitte nie.

Inhaltsverzeichnis

Vorwort von Hermann Scherer

Ohne Expertenbuch bist du kein Experte! Harte Worte, das ist mir bewusst, doch meine ich sie absolut ernst und ich sage dir auch, warum.

Seit vielen Jahrzehnten begleite ich Menschen dabei, zu entdecken, was in ihnen steckt. Ich ermuntere sie, groß zu denken, ihre Zweifel in den Urlaub zu schicken und sich sichtbar zu machen. So richtig. Mit all ihren Macken, Ecken und Kanten, ihrem Know-how und ihren Geschichten. Und zwar 360 Grad sichtbar und nicht nur ein „bisschen", so wie es leider viele wunderbare Menschen da draußen heute noch sind. Zu dieser 360 Grad Sichtbarkeit gehört ein Expertenbuch.

Bedauerlicherweise verlassen unzählige Menschen sich viel zu häufig auf die digitale Welt. Und auch wenn heutzutage E-Books schon zahlreiche Printbücher ersetzt haben und Platz im Bücherregal sparen, gehören gedruckte Bücher für mich dazu. Dein Buch kannst du jemandem in die Hand drücken, als wertschätzendes Geschenk überreichen oder prominent so in deinem Regal platzieren, dass es auch im Videocall nicht zu übersehen ist. Das schafft kein noch so tolles Social-Media-Profil.

Ein Buch macht dich als Expertin oder Experte sichtbar. Sichtbar für deine Nachbarn, deine Kunden und die Welt. Das kann erst einmal erschreckend sein, doch überlege einmal, was die Alternative ist:

Unsichtbarkeit - oder zumindest nur *ein bisschen* Sichtbarkeit. Falls es das ist, was du erreichen möchtest und worauf du am Ende deines Lebens zurückblicken möchtest, dann nur zu. Dann lege dieses Buch von Mirjam Saeger auf die Seite und bleibe eben *ein bisschen* sichtbar.

Falls du aber aus deinem Leben das Meisterwerk machen möchtest, das es verdient hat, dann empfehle ich dir, die folgenden Seiten von diesem Buch aufmerksam zu lesen und die Tipps und Anleitungen Schritt für Schritt umzusetzen. Triff noch heute die Entscheidung, „all in" zu gehen und dem Mittelmaß zu entkommen. Triff die Entscheidung für deine Großartigkeit, deine Sichtbarkeit, dein Expertenbuch.

Zwar mag dein Plan, dich als Experte zu positionieren und sichtbar zu werden, auch ohne Buch funktionieren, doch nach mehr als 60 Büchern, die ich bereits veröffentlicht habe, kann ich dir sagen: Ein Buch ist die Abkürzung auf deinem Weg.

Also nutze sie.

Dein Hermann Scherer

Dein Expertenbuch

Dein eigenes Buch. Mit deinem Namen auf dem Cover. Mit einem Titel, der zu dir, deinem Thema und deiner Zielgruppe passt. Ein Buch, das dich als Experte positioniert und dein Marketing auf das nächste Level heben kann. Ein Buch, das einen Wettbewerbsvorteil bedeutet, wenn es zielgruppengerecht geschrieben, professionell gestaltet und vermarktet wird. Wie hört sich das für dich an?

Viele Menschen träumen von einem eigenen Buch - du auch? Vielleicht, um deine eigene Geschichte in diesem Buch zu erzählen oder das in vielen Jahren praktischer Tätigkeit erworbene Wissen an Menschen weiterzugeben, die davon profitieren können. Vielleicht, um deine eigene Expertise in die Welt zu tragen, oder auch, um vom Autorenstatus zu profitieren. Welche Beweggründe auch immer hinter dem Wunsch, ein eigenes Buch zu schreiben und zu veröffentlichen, stehen mögen, es gibt einige grundsätzliche Schritte, die auf dem Weg zu einem Expertenbuch gegangen werden sollten, damit das Buch ein Erfolg wird und seinen ganz individuellen Zweck für seinen Autor oder seine Autorin erfüllt.

Vor vielen, vielen Jahren, ich war noch ein kleines Mädchen, habe ich schon davon geträumt, irgendwann einmal ein eigenes Buch zu schreiben. Damals gab es den Begriff „Expertenbuch" noch nicht, beziehungsweise ich kannte ihn nicht. Ich konnte recht früh lesen und habe schon als Kind und Jugendliche Bücher verschlungen. Stephen King war lange Zeit einer meiner Lieblingsautoren und seine Bücher wie „Shining“, „The Stand“ oder „Christine“ habe ich förmlich „inhaliert“. So etwas wollte ich auch! Ich wollte Autorin werden, Romane schreiben, Menschen zum Lachen, Weinen und Gruseln bringen. In der Schule wurde mir allerdings nur beigebracht, wie ich Gedicht- und Bildanalysen schreibe. Gemeinsam mit meinen Mitschülern musste ich mich endlos durch Reclam-Hefte quälen, meist zu Themen, die mich nicht wirklich interessierten.

Doch zu Hause tauchte ich dann erneut ein in die sagenhafte Welt der Romane. Das Buch „Das Parfum“ von Patrick Süskind las ich an einem Wochenende. Ich lebte, lachte und litt gemeinsam mit den Protagonisten und konnte die Parfümdüfte förmlich riechen. Lesen war wunderbar und ich wurde zum Stammgast in der Schulbücherei. Zwar durfte ich nur fünf Bücher auf einmal ausleihen, dafür aber unbegrenzt wiederkommen, also war ich wöchentlicher Stammgast. E-Books gab es damals noch nicht und noch heute mag ich den Geruch und die Haptik von Büchern besonders. Aus meiner Sicht ist das nichts, was durch ein E-Book ersetzt werden kann, wobei dieses Format selbstverständlich seine Berechtigung hat.

Leider interessierte mich die Schule mit ihren strikten Vorgaben viele Jahre lang nicht sonderlich und meine naturwissenschaftlichen Begabungen hielten sich in Grenzen, sodass meine Lehrer und ich meine gymnasiale Karriere einvernehmlich vorzeitig beendeten. Ich war froh, erleichtert und gleichzeitig aber auch gefrustet: Ein Studium im literarischen Bereich war „nur“ mit dem Abschluss der zehnten Klasse in weite Ferne gerückt. Was konnte ich stattdessen tun?

Sprache und Kommunikation fand ich spannend und so startete

ich eine Ausbildung zur Fremdsprachenkorrespondentin. Nun galt es, Analysen in englischer Sprache zu verfassen und mehr und mehr hielten englischsprachige Bücher Einzug in mein Zuhause. Auch heute lese ich Bücher noch am liebsten im Original und meine Leidenschaft für das Lesen ist seit meinen Schultagen ungebrochen.

Mein Traum, Autorin zu werden, geriet mehr und mehr in Vergessenheit. Ich heiratete, bekam zwei Kinder und Haus, Hof und Job beanspruchten einen Großteil meiner Zeit. Buch schreiben? Wann sollte ich das denn noch machen?

Allerdings - es gibt Themen im Leben, die lassen uns einfach nicht mehr los, vielleicht kennst du das auch? Von Jahr zu Jahr wuchs also mein Wunsch, ein eigenes Buch zu schreiben.

Wenn du nicht aufhören kannst, daran zu denken,
dann hör nicht auf, dafür zu kämpfen!

Irgendwann, ich weiß noch, dass es ein Samstag im Frühling war, die Sonne schien, die Vögel zwitscherten und eigentlich wollte ich den Rasen mähen, schnappte ich mir stattdessen meinen Laptop und legte los. Ich war mir sicher: Mein Roman würde großartig werden! Ich schrieb drei Zeilen, las alles noch mal durch und löschte es wieder. Hmm, so ging es nicht, also noch mal von vorne: Ich änderte den Anfang, schrieb eine halbe Seite, las auch diese durch und löschte alles wieder. So ging das noch einige Stunden weiter. Am Ende des Tages hatte ich immer noch ein leeres Dokument. Vielleicht kannst du dir vorstellen, wie frustriert ich war. Schließlich war es doch mein Traum, zu schreiben!

Warum klappte es denn nicht? In meinem Arbeitsalltag schrieb ich täglich: Broschüren, Newsletter, Webseitentexte, Kundenbriefe. Doch für ein Buch schien es nicht zu reichen. Ich klappte meinen Laptop zu, ging raus und lies meinen Frust am Rasen aus.

Einige Tage später versuchte ich es noch mal, wieder mit dem gleichen, niederschmetternden Ergebnis. Davon, dass man einen Roman „plotten", die Protagonisten vorher genau beschreiben und auch die Handlung grob skizzieren sollte, hatte ich noch nie etwas gehört - und, ich gestehe, ich dachte auch, ich bräuchte keinen Plan. Weit gefehlt.

So schrieb ich also weiter, allerdings nur beruflich, bis mich einige Jahre später erneut der Ehrgeiz packte. Dann eben einen Ratgeber und keinen Roman! Viele Menschen in meinem Umfeld sagten mir, ich solle einen Ratgeber über Kindererziehung schreiben. Doch ich war weder Pädagogin noch in diesem Bereich geschult. Zwar hatte ich zwei Kinder, doch das nahm ich nicht als etwas Besonderes wahr. Ich raffte mich zwar noch mal auf, doch schon nach kurzer Zeit hatte ich erneut das gleiche Ergebnis wie Jahre vorher: zahlreiche gelöschte Zeilen und ein leeres Blatt.

Diesmal begrub ich meinen Traum scheinbar endgültig. Ich war einfach keine Autorin. Schluss. Aus. Feierabend. Machte mir das etwas aus? Ja, auf jeden Fall. Doch im Alltag konnte ich meinen Traum gut begraben, ich hatte zu viele andere Dinge um die Ohren.

Ich begrub meinen Traum so lange, bis ich eines Tages ein Buch von meinem früheren Lieblingsautor, Stephen King, in die Hände bekam: *Vom Leben und vom Schreiben*. In diesem Buch beschreibt Mr. King, dass auch er nicht von Anfang an erfolgreich war. Auch er hatte mit Schreibblockaden zu kämpfen und zahlreiche seiner heute erfolgreichen Bücher wurden anfangs von vielen Verlagen abgelehnt. Meine Vorstellung davon, dass Autoren von Anfang an genau wissen, was sie schreiben, sofort einen Verlag finden und erfolgreich sind, wurde durch dieses Buch revidiert - sollte ich es doch noch einmal angehen? Mein Traum buddelte sich langsam wieder an die Oberfläche: Ich wollte Bücher schreiben! Ich konnte schreiben! Also los!

So weit, so gut. Problematisch war nur, dass ich nicht wusste, worüber ich schreiben sollte ...

Zwar war der Wunsch nach einem Buch da. Doch mir fehlten die Inhalte. Für einen Roman reichte meine Fantasie nicht über die erste halbe Seite hinaus. Expertenwissen hatte ich aus meiner Sicht kein Nennenswertes. Worüber also schreiben? Ich grübelte und grübelte, kam aber zu keinem Ergebnis. Zumindest keinem Ergebnis, dass 250 Buchseiten füllen würde.

Doch irgendwann wurde mir klar, dass ich eine Gabe hatte, die viele Menschen nicht haben: eben genau dieses Schreiben. Ich konnte schreiben - andere Menschen hatten die Inhalte. Das war doch perfekt! Ich konnte für andere Menschen schreiben. Ende 2018 beschloss ich, mich selbstständig zu machen, und ich begann, andere Menschen dabei zu unterstützen, ihre Gedanken in Schrift zu übersetzen. Ich schrieb Newsletter, Webseitentexte und Blogbeiträge und verdiente mit meiner Gabe Geld. Ein wunderbares Gefühl. Endlich das tun, was ich konnte und liebte!

Auf einer Veranstaltung Mitte 2019 dann sprach mich während einer Netzwerkpause einer der Speaker an und fragte, was ich machte. Ich erzählte, dass ich für andere Menschen schreibe. „Ach, bist du Ghostwriter?" Erst schüttelte ich den Kopf. War ich Ghostwriter? Ghostwriter schrieben doch nur Reden oder Biografien, oder? Doch langsam, aber sicher sackte es in mir: Ja, ich war Ghostwriter! Genau das tat ich im Kleinen schon! Ich konnte also Bücher für andere Menschen schreiben, ihr Wissen umsetzen und damit meine Schreibkünste nutzen. Perfekt! Ich antwortete: „Ja, bin ich." „Okay, ich möchte gerne ein Buch schreiben. Kannst du mich dabei unterstützen?" Ich zögerte. Konnte ich? Ja, ich konnte. Endlich ein Buch!

Wieder zuhause angekommen, verschlang ich alles, was ich an Literatur und Kursen zum Thema in die Hände bekam, und schon nach kurzer Zeit startete ich mit dem Speaker, meinem ersten Autoren, in eine Interviewserie. Es lief wunderbar und etwa ein halbes Jahr später konnte ich mein erstes „geghostetes" Buch veröffentlichen.

Seitdem habe ich zahlreiche Projekte mit und für meine Kunden umsetzen dürfen, mittlerweile nicht nur als Ghostwriter, sondern auch als Autorencoach und in meinen Mentoring-Programmen. Ich durfte dabei viel über unterschiedlichste Themen lernen und wunderbare Menschen kennenlernen, die mit ihrem Wissen, ihren Geschichten und ihren Büchern die Welt verändern. Jedes dieser Bücher ist anders, genauso, wie auch jeder Mensch anders ist. Genau das macht meinen Beruf so spannend und auch herausfordernd und ich gebe mein Bestes, um für meine Autorinnen und Autoren gute Bücher zu schreiben oder sie dabei zu begleiten, selbst Bücher zu schreiben, die zu ihnen, ihren Zielen, ihrer Zielgruppe und ihrer Expertise passen.

Soweit zu meiner Geschichte. Mittlerweile habe ich schon über 50 Projekte als Ghostwriter und Autorencoach begleiten und umsetzen dürfen. Jetzt darf ich nicht nur gute Bücher lesen, sondern auch schreiben. Mein Traum hat sich erfüllt.

Aber was genau macht überhaupt ein „gutes Buch" aus? Ist es ein von einem Profi gestaltetes Cover? Ist es ein übersichtliches Schriftbild mit ausreichend Abständen? Sind es Farbgrafiken, die den Text unterstützen? Ist es ein gut recherchierter, knapp und dabei doch passend geschriebener Text? Ist es ein Buch, das die Autoren und ihr Wissen gut aussehen lässt? Oder wird der Erfolg eines Buches ausschließlich an den Verkaufszahlen gemessen? Ist ein Bestseller automatisch ein gutes Buch? Was meinst du? Was macht ein gutes Buch aus?

Aus meiner Sicht ist ein gutes Buch ein Buch, das die Leser mitnimmt. Das sie inspiriert, aufrüttelt und es dabei gleichzeitig schafft, die Persönlichkeit des Autors zu transportieren, aber nicht in den Vordergrund zu stellen. Ein gutes Buch ist vom ersten Buchstaben bis zur letzten Seite zielgruppengerecht geschrieben und erfüllt seinen Zweck. Mittlerweile gibt es so viele Möglichkeiten, ein Buch als Marketinginstrument einzusetzen, dass unbedingt vorab geklärt werden sollte, was du als Autorin oder Autor mit dem Buch erreichen möchtest, doch dazu später mehr.

Wenn auch du erkannt hast, dass ein Buch ein grandioses Marketinginstrument ist, dir allerdings auch bewusst ist, dass es „nur" mit dem Schreiben des Buches noch längst nicht getan ist, dann ist dieses Buch richtig für dich.

Auf den folgenden Seiten nehme ich dich mit auf deine persönliche Buchreise. Und wie jede Reise beginnt auch diese Reise mit dem ersten Schritt, oder im Kontext rund um dein Buch mit einer Idee und dem ersten Buchstaben.

Um dein eigenes Expertenbuch zu schreiben oder schreiben zu lassen, es zu gestalten, zu veröffentlichen und zu vermarkten, musst du kein Literaturstudium absolvieren. Aus über 50 realisierten Projekten habe ich gelernt, welche Schritte du gehen solltest, um dein Buchprojekt erfolgreich zu planen und durchzuführen.

Mit diesem Buch und den darin aufgeführten Schritten möchte ich dich dabei unterstützen, dein Buchprojekt zu realisieren, und zwar von A bis Z, also von der ersten Idee bis hin zur Veröffentlichung und darüber hinaus. Ich möchte nicht, dass dir dasselbe passiert wie mir damals, als ich statt zu schreiben den Rasen mähte, sondern ich möchte dir die Angst vor der Komplexität eines Buchprojektes nehmen.

Das Erste, was du auf deinem Weg zur Autorin oder zum Autor vergessen darfst, sind Glaubenssätze, wie etwa:

- Was habe ich schon zu sagen?
- Wie soll ich die Zeit finden, ein Buch zu schreiben?
- Ein Buch ist teuer und ich finde sowieso keinen Verlag.
- Und noch viel mehr ...

Als Autorin, Ghostwriter und Autorencoach habe ich mittlerweile eine Vielzahl von Buchprojekten mit und für meine Kunden umgesetzt. In diesem Buch erhältst du die Essenz daraus: Meine besten Tipps, Tricks und Denkanstöße für dein Expertenbuch. Wenn du möchtest, kannst du mit diesen Tipps noch heute loslegen, dein Buch zu schreiben. Schritt für Schritt, Buchstabe für Buchstabe.

Gerne begleite ich dich dabei und wünsche dir schon jetzt viel Erfolg.

Deine Mirjam Saeger

Schritt 1

Warum überhaupt ein Buch schreiben?

Warum solltest du als Expertin, Experte oder Unternehmerpersönlichkeit überhaupt ein Buch schreiben? Ein Buch zu schreiben, ist nicht „mal eben" erledigt. Es bedarf in der Regel gründlicher Recherchearbeit, unzähliger Stunden Schreibarbeit und diverser Korrekturschleifen. Doch damit ist es nicht getan: Wenn der Text vermeintlich fertig ist, geht die Arbeit meist erst richtig los. Ein Lektor muss gefunden werden, eventuell sollten erste Testleser das Buch lesen und dir ein ehrliches Feedback geben, und sobald der Text dann fertig ist, gilt es, sich um weitere Aufgaben wie Buchsatz, Klappentext, Coverdesign und Veröffentlichung sowie Buchmarketing zu kümmern.

Entscheidest du dich dafür, dein Buch nicht selbst zu verlegen, sondern es bei einem Publikumsverlag zu veröffentlichen, musst du dich damit beschäftigen, einen oder mehrere potenzielle Verlage auszuwählen, Exposees zu schreiben und, wenn du Erfolg hast und einen Verlagsvertrag ergatterst, dich mit dem Vertragswerk der Verlage auseinandersetzen. Auch als Self-Publisher bleibt dir Rechtliches nicht völlig erspart: Du musst dich damit beschäftigen, welche Plattform oder welcher Anbieter für dich der richtige ist, welche Richtlinien zur Veröffentlichung und Nutzung der Buchinhalte es gibt und zudem, wie der Upload des Manuskriptes vonstattengeht. Vielleicht entschließt du dich auch direkt dazu, dein Buch selbst zu verlegen und einen eigenen Verlag zu gründen.

Uff, das ist eine Menge, oder? Doch bitte keine Sorge. Denn dieses Buch wird dich Schritt für Schritt auf dem Weg zu deinem Expertenbuch begleiten. Also lies bitte weiter und lass den Rasenmäher noch etwas in der Garage stehen…

Allerdings, hier zu Anfang gleich eine Warnung, ein „Disclaimer": Zwar sind diese Schritte alle gut meisterbar, wenn du dich vorher über alle möglichen Fallstricke und Erfordernisse informiert hast, doch deren Bewältigung kostet vorwiegend eines: Zeit. In einem Buchprojekt landen gut und gerne hunderte Stunden Arbeit für Schreiben, Recherche, Gestaltung oder auch Projektmanagement. Das umfangreiche Buchmarketing lasse ich hier bewusst noch außen vor, denn solltest du nicht Stephen King sein, wirst du dich auch damit beschäftigen, egal, ob du dein Buch selbst veröffentlichst oder einen Verlag dafür findest.

Also, warum nun diese vielen Arbeitsstunden überhaupt investieren? Wäre es nicht besser, eine Videoserie, Blogbeiträge oder einen Workshop zu erstellen?

An dieser Stelle sage ich gerne ein klares *Vielleicht*. Auch wenn Bücher grandiose Marketinginstrumente sind, sind sie das doch nicht für Jederfrau oder -mann und auch der Zeitpunkt für ein Buch will gut gewählt sein.

Ja, es ist wahr: Mit einem Buch lässt sich Geld verdienen, allerdings nicht unbedingt auf die Art und Weise, die dir wahrscheinlich im ersten Moment einfällt. Die reinen Buchverkäufe sind meist nicht der Einkommensstrom, auf den es den meisten Expertinnen und Experten ankommt.

Das Geld, das durch dein eigenes Buch möglichst zu dir fließen soll, liegt größtenteils nicht im reinen Buchverkauf, sondern in den Produkten, die du um das Buch herum verkaufst. Hier als „Beweis" ein paar Zahlen: Jay Conrad Levinson, Autor des Buches „Guerilla Marketing", hat mit diesem Buch insgesamt 10 Millionen Dollar verdient, wobei die reinen Buchverkäufe ihm nur etwa 35.000 Dollar eingebracht haben. Die Buchungen als Speaker, weitere Workbooks sowie seine Beratungen und sein Netzwerk, das sich durch seinen Autorenstatus und das Buch enorm erweitert haben, haben stattdessen zu diesem phänomenalen Umsatz geführt.

Boris Thomas, Geschäftsführer der Firma Lattoflex, hat mir kürzlich auf einer Veranstaltung verraten, dass er pro Buchverkauf (sein Buch wurde in einem Verlag veröffentlicht), nicht mal einen Euro verdient. Wenn du also nur durch reine Buchverkäufe Geld verdienen möchtest, dann ist das eine schlechte Idee. Stattdessen solltest du dein Buch als Marketinginstrument begreifen – und auch so damit umgehen, auch wenn das hier etwas leidenschaftslos klingt. Das bedeutet nicht, dass dein Buch eine schlechte Qualität haben sollte, weil es ja sowieso *egal* ist, wie viel die Verkäufe einbringen, nein, im Gegenteil. Deine Kunden werden von der Qualität deines Buches (und damit meine ich nicht nur die Inhalte) auf die Qualität deiner Produkte oder Dienstleistungen schließen. Es lohnt sich also durchaus, Zeit, Energie und Geld in dein Buchprojekt zu investieren.

Ich berate regelmäßig Expertinnen und Experten im Rahmen eines Premium-Programmes für angehende Speakerpersönlichkeiten. Gerne stelle ich hier die These auf, dass alle Menschen ein Buch schreiben sollten, auch wenn es niemand liest.

Mir ist bewusst, dass die meisten Menschen wohl nie ein Buch schreiben werden, weil sie nicht wissen, wozu oder wie. Und das ist auch gut so, denn wenn alle ein Buch hätten, dann wäre es nichts Besonders mehr. Erfahrungsgemäß ist die Beschäftigung mit dem eigenen Expertenstatus im Rahmen eines Buchprojektes äußerst wertvoll für die weiteren Angebote. Schreibende entdecken mehrheitlich, dass sie eine Menge mehr Wissen, Expertise und auch Geschichten zu geben haben als ursprünglich angenommen. Eine der Teilnehmenden bei einem der Speakerprogramme sagte nach der kurzen Beratung, in der ich ihr auf den Zahn fühlte, mit welchen Kunden sie am liebsten arbeitet, zu mir: „Ich dachte, ich wäre Expertin für Frauen in Führungspositionen, die an die gläserne Decke stoßen, nun ist mir aber bewusst geworden, dass ich generell Führungskräften enorm bei der Entwicklung ihrer Resilienz weiterhelfen kann, weil ich entdeckt habe, dass ich in diesem Bereich eine besondere Geschichte und Gabe habe."

Schreibst du also dein Expertenbuch, solltest du unbedingt deine eigene Geschichte, deine Erlebnisse und deine besondere Sicht auf dein Wissen thematisieren. Doch nicht nur: Wissen ist heutzutage austauschbar.

Während meine Generation (ich bin Mitte vierzig) so wie viele Generationen vor ihr das Wissen noch von Eltern, Großeltern, Lehrern oder auch aus Büchern erlangt hat, haben wir heute durch unsere Smartphones das Internet gewissermaßen immer dabei und jegliches Wissen ist sofort verfügbar. Wissen ist daher austauschbar, Persönlichkeit nicht.

Das, was dich besonders macht, ist also nicht unbedingt dein Wissen, sondern das, was du daraus gemacht hast. Wie du andere Menschen damit inspiriert, weitergebracht und verändert hast. Wie du dein Wissen anwendest und es weiterentwickelst. Achte also bei deinem Expertenbuch darauf, immer wieder Geschichten einzustreuen, die die Anwendung deines Wissens in der Praxis zeigen.

Die Expertenbücher, die ich begleite, haben meist einen beträchtlichen Anteil an persönlichen Geschichten. Anfangs sind die Autorinnen und Autoren noch unsicher, ob sie wirklich so viel von sich preisgeben sollen. Doch was macht ein Buch lesenswert? Es sind die Geschichten und Persönlichkeiten der Autoren. Wir Menschen lieben schon seit jeher Geschichten, auch heute noch, und deshalb ermuntere ich meine Autorinnen und Autoren dazu, möglichst viele Geschichten zu erzählen, die ihre Expertise greifbar und anschaulich machen. Dabei entdecken sie häufig Aspekte ihrer Persönlichkeit oder Expertise, die sie lange Zeit nicht als relevant für die Zielgruppe betrachtet haben. Es ist eine spannende Reise.

Was macht das Expertenbuch so besonders?

Die Autorinnen und Autoren, deren Buchprojekte ich begleite, erarbeiten mehrheitlich rund um ihr Buch eine komplette Produktwelt. Häufig wird von einem Buch (genauso wie es auch bei diesem Buch ist) auf ein weiterführendes Webinar oder sofort einen vertiefenden Online-Kurs verwiesen. Hiermit kannst du sofort eine Kundenbeziehung zu deinen Lesern aufbauen oder auch schon Produkte verkaufen und damit erste Einkünfte erzielen. Biete also etwa ein Hörbuch an, ein Workbook, oder führe die Leser über einen im Buch platzierten QR-Code auf eine Landingpage, auf der es weitere Informationen oder einen Terminkalender für ein Erstgespräch gibt. Die Möglichkeiten sind vielfältig.

Bücher, die dein Marketing unterstützen sollen, werden größtenteils im Self-Publishing als sogenannte „Funnel-Bücher" oder „Free plus Shipping"-Modelle herausgebracht. Je nachdem, was du mit deinem Buch erreichen möchtest, eignet sich dieser Weg hervorragend, um Kundenbeziehungen aufzubauen und zu vertiefen.

Durch ein Buch kann es dir ebenfalls gelingen, eine neue Zielgruppe auf dich und dein Expertenthema aufmerksam zu machen. Einer meiner Autoren beispielsweise, den ich in einem Buch-Mentoring auf dem Weg zum eigenen Buch zum Thema „Selbstwirksamkeit" begleiten durfte, hatte bisher hauptsächlich über Social-Media Kundengewinnung betrieben. Er postete regelmäßig auf seinen Facebook- und Instagram-Profilen und auf LinkedIn, doch die Erfolge waren mäßig. Zwar hatte er kontinuierlich einige Kundenanfragen, war jedoch mit deren Qualität und Quantität unzufrieden. Eine Zeit lang betrieb er eine Facebook-Gruppe, musste jedoch erkennen, dass er viel Zeit investieren musste, um nur einige wenige Follower in zahlende Kunden zu verwandeln. Die meisten Gruppenmitglieder blieben stille Mitleser und freuten sich zwar über den kostenfreien Content, den er lieferte, kauften jedoch keine weiterführenden Produkte.

Also entschloss er sich, ein Buch zum Thema herauszubringen. Innerhalb von fünf Monaten stellte er das Buch mit meiner Unterstützung fertig und veröffentlichte es über einen Self-Publishing-Dienstleister. Im Buch verweist er auf ein weiterführendes Webinar, das er einmal monatlich abhält. Im Schnitt gewinnt er pro Webinar zwei bis drei Kunden, die hochpreisige Mentorings bei ihm abschließen. Das Buch selbst bringt ihm pro Verkauf nur wenige Euros an Gewinn, doch seine Umsätze haben sich durch das Buch in kurzer Zeit verdreifacht.

Ein Buch ist allerdings nicht nur ein perfektes Marketingtool. Es gibt zahlreiche weitere Gründe, dieses Medium zu nutzen:

Expertenstatus

Durch ein Buch erhöht sich praktisch über Nacht (na ja, etwas mehr Zeit solltest du vielleicht einplanen) dein Expertenstatus. Du hast Zeit, Geld und Mühe in dein Buch investiert. Du hast dich mit deinem Thema intensiv auseinandergesetzt, Methoden ausprobiert, recherchiert und in vielen Stunden das Thema für deine Leser optimal aufbereitet. Viele deiner Marktbegleiter haben das nicht getan. Kunden und Interessenten nehmen also nun dich als Autorin oder Autor und damit als Expertin oder Experten wahr. Das steigert sofort die Kompetenzvermutung. Durch diese wahrgenommene Kompetenz wirst du sichtbarer. Podcastinterviews, PR-Artikel oder sogar Fernsehauftritte werden möglich.

Verkauf

Nutze dein Buch als Verkaufstool. Erläutere in deinem Buch, wie du arbeitest oder was deine Produkte für deine Zielgruppe tun können. Erzähle Geschichten, nimm deine Leser mit ins Land der Möglichkeiten. Zeige auf, welche Ergebnisse du schon mit und für deine Kunden erzielen konntest. Zeige dich nahbar, erwecke Vertrauen und dann platziere im Buch eindeutige Handlungsaufforderungen:

Buchen Sie sich hier ein Erstgespräch!

Lade dir ein Workbook auf meiner Webseite herunter!

Trage dich zu meinem Newsletter ein!

Kaufe direkt hier...

Sicher fällt dir noch mehr dazu ein. Doch Vorsicht an dieser Stelle! Strapaziere deine Leser nicht mit zu vielen CTAs (Calls-to-Action, also Handlungsaufforderungen). Platziere maximal zwei oder drei Aufforderungen. Verwirre die Leser nicht, denn verwirrte Leser legen das Buch vielleicht genervt weg, anstatt deiner Handlungsaufforderung zu folgen. Überlege also vorab: Was genau sollen die Leser tun, sobald sie das Buch gelesen haben? Und dann platziere einen klaren CTA.

Kundengewinnung

Du brauchst neue Kunden? Wunderbar. Durch ein Buch erweckst du Vertrauen, etablierst dich als Expertin oder Experte und sparst dir sogar ellenlange Telefonate mit Menschen, die vielleicht gar nicht zu dir passen. Denn auch Abschreckung ist aus meiner Sicht einer der Vorteile eines Marketing-Buches. Ich formuliere es einmal salopp: Menschen, die dein Buch doof finden, die sich nicht mit den Inhalten und deinen Werten verbinden können, werden dich nicht anrufen oder deinem Call-to-Action folgen. Ein Buch sortiert von vorneherein unpassende Interessentinnen und Interessenten aus. Ich finde das prima. Sollte dir also dieses Buch nicht gefallen, dann verschenke es gerne weiter und rufe mich bitte nicht an. Ansonsten lies gerne weiter – es gibt noch viel zu entdecken.

Deine Geschichte

Du hast etwas Besonderes erlebt? Du hast etwas erreicht, was viele Menschen erreichen wollen, aber nicht wissen, wie es geht? Du hast spannende, herausfordernde oder auch traurige oder lustige Situationen erlebt und möchtest die Geschichten dazu in die Welt tragen, um andere Menschen zu inspirieren, zu transformieren oder einfach nur zum Lachen zu bringen? Dann erzähle genau diese Erlebnisse in einem Buch. Nimm deine Leser mit in deine Welt, lass sie an deinen Erfahrungen und Learnings teilhaben.

Häufig rufen Menschen bei mir an, die eine tragische Geschichte haben. Sie haben eine Krankheit überwunden und herausfordernde Situationen erlebt und möchten darüber ein Buch schreiben. Das ist grundsätzlich eine gute Idee, wenn es *wirklich* eine besondere Geschichte ist oder der Autor oder die Autorin eine interessante Persönlichkeit ist. Bitte nicht falsch verstehen: Eine überwundene Krebserkrankung ist für diejenige Person, die es geschafft hat, ein absoluter Meilenstein. Und auch die schwere Kindheit mag für viele erzählenswert sein. Doch falls du dich mit dem Gedanken trägst, darüber ein Buch zu schreiben, sei bitte schonungslos ehrlich mit dir selbst und reflektiere: Ist es wirklich eine besondere Geschichte? Hast du durch eine noch nie dagewesene Methode deine Erkrankung überwunden? Oder hast du einen prominenten Namen, viele Follower, eine große Community, die an deiner Geschichte interessiert sind? Falls das nicht der Fall ist, frage bitte eine neutrale Person, ob dein Buchthema lesenswert ist. Ich weiß, das klingt hart an dieser Stelle - doch niemanden interessiert es, wenn Fritz oder Lieschen Müller im Sandkasten das Förmchen geklaut wurde. Ziehe unbedingt eine neutrale Person zurate, nicht deine Familie oder Freunde. Gehe auf einen Verlag zu oder frage einen Ghostwriter, Lektor oder jemanden, der sich mit Büchern beschäftigt, ob deine Story ein Buch wert ist.

Natürlich möchte ich dich nicht davon abhalten, deine Geschichte aufzuschreiben, wenn es dir persönlich wichtig ist. Der Schreibprozess wird auf jeden Fall einen Effekt haben - zumindest für dich selbst. Durch das Schreiben kannst du mit Erlebnissen gleich welcher Art abschließen, deine Gedanken sortieren und vielleicht auch Unangenehmes endlich hinter dir lassen - und das funktioniert auch, wenn das Geschriebene nicht veröffentlicht wird.

Speakerauftritte

Du möchtest als Speaker auf die Bühne? Du hast bereits deine Vorträge ausgearbeitet und bist bereit, die Massen zu begeistern? Dann kann ein eigenes Buch den Eintritt in die Welt der Redner bedeuten. Schicke dein Buch, am besten mit einem Link zu Aufzeichnungen von Ausschnitten deiner Auftritte versehen, an diejenigen Speakeragenturen, bei denen du gerne unterkommen möchtest. Laut Martina Kapral, Inhaberin der Agentur Martina Kapral GmbH ist „ein als Geschenk verpacktes Buch wertiger als nur ein Speakerprofil mit Anschreiben". Hebe dich mit deinem Buch von der Masse ab und zeige von Anfang an, dass du etwas Besonderes bist. Niemand braucht noch einen Speaker auf dem Markt, der versucht, Tony Robbins zu imitieren …

Masterminds

Du begleitest Menschen in Masterminds dabei, ihr Business auf das nächste Level zu heben, sich mit Gleichgesinnten auszutauschen und ihre Persönlichkeit weiterzuentwickeln? Dann erzähle der Welt darüber. Berichte in einem Buch, mit welchen Herausforderungen die Teilnehmenden zu dir kommen. Zeige auf, wie die Masterminds ablaufen, und stelle vor allem die Ergebnisse heraus. Potenzielle Interessenten erfahren durch das Buch, ob die Mastermind für sie geeignet ist, welche Inhalte enthalten sind und wer du bist. Insbesondere bei hochpreisigen Angeboten erweckt ein Buch Vertrauen und spart dir den einen oder anderen Social-Media Post oder Anruf.

Recruiting

Fachkräftemangel ade - mit einem eigenen Buch. Vielleicht fragst du dich gerade, warum du ausgerechnet ein Buch für dein Recruiting einsetzen solltest. Schließlich läuft im Recruiting heutzutage vieles online. Künstliche Intelligenz unterstützt vielerorts die Vorauswahl von Bewerbern und Tests laufen automatisiert ab. Menschen werden als Human Resources bezeichnet und wer nicht die nötigen Vorkenntnisse mitbringt, wird sofort aussortiert.

Immer mehr Unternehmen erkennen aber, dass die Talente von morgen auf diese Art und Weise nicht mehr zu gewinnen sind. Die neuen Generationen möchten mehr Sinn in ihrem Beruf, die Zeiten von Nine-to-Five sind für viele vorbei. Warum also nicht mit einem Buch neue Wege einschlagen?

Berichte von deinem Unternehmen. Erzähle, warum du das Unternehmen gegründet hast. Mache dich nahbar. Erzähle von deinen Werten, von der Arbeitsatmosphäre, deinem Arbeitstag. Lasse Mitarbeiter und Kunden zu Wort kommen. Kurz gesagt: Zeige dein Unternehmen mit allen Facetten. Verschenke das Buch über dein Unternehmen und dich an Schulen, Universitäten und auf Bewerbermessen. Selbst wenn die beschenkte Person sich jetzt noch nicht bewerben möchte, sie wird dein Buch in den Schrank stellen oder im besten Fall lesen und sich an dein besonderes Geschenk erinnern. Und wer weiß, vielleicht bewirbt sie sich irgendwann einmal bei dir. Ein Buch ergänzt deine Online-Recruiting-Maßnahmen perfekt.

Kongresse

Du veranstaltest einen Kongress? Dann ermögliche den Kongressteilnehmern, an einem Kongress-Buch mitzuwirken. Hierfür lässt du die Kongressbeiträge bearbeiten (beispielsweise durch einen Ghostwriter oder Texter) und fasst sie in einem Buch zusammen. Dieser Sammelband dient den Kongress-Vortragenden als zusätzliches

Marketinginstrument und interessierte Kongressteilnehmer können die Beiträge in ihrer Essenz noch einmal nachlesen.

Communitys

Du hast eine große Social-Media-Community und hast als Coach, Trainer oder Berater schon eine Vielzahl an Menschen oder Unternehmen begleitet? Dann biete ihnen die Möglichkeit, sich in einem Sammelband vorzustellen. Sammle Geschichten über Coaching-Erfolge oder lasse deine Community berichten, was sie selbst alles zu bieten hat. Ich habe schon zwei solcher Sammelbände für Andreas Klar, einen Top-Businesscoach, begleitet. Die Bücher „Chancenerkenner statt Krisentaucher" Band 1&2 enthalten Geschichten und Anregungen zahlreicher Coaches und Trainer aus den unterschiedlichsten Bereichen und bieten vielen Menschen einen Einblick in verschiedenste Coaching-Methoden und Persönlichkeiten.

Schritt 2

Was für ein Buch brauchst du?

Fachbuch, Sachbuch, Expertenbuch, Business-Roman, Biografie, Autobiografie - all das sind Buchtypen, die ihre Berechtigung haben. Doch welches Buch passt zu dir und deinen Zielen? Lass uns erst einmal kurz und knapp auf die Begrifflichkeiten schauen.

Fachbuch

Das Fachbuch richtet sich an Profis. Die Sprache ist oftmals wissenschaftlich oder voller Fachbegriffe, die Laien nicht unbedingt verstehen. Ein Fachbuch kann viele Grafiken, Tabellen und auch Referenzen enthalten. Klassische Fachbuchthemen sind beispielsweise: „Buchhaltung und Jahresabschluss für Einzelunternehmer" oder „Einführung in die Betriebswirtschaftslehre".

Biografie

Eine Biografie beschreibt das Leben einer meist prominenten Person, etwa eines Politikers, Schauspielers oder auch Arztes. Die Biografie wird dabei von einer zweiten Person verfasst, etwa einem Journalisten oder auch Autor. Eine Autobiografie schreibt die Person hingegen selbst oder lässt sie aus ihrer Sicht (etwa von einem Ghostwriter) schreiben. Auch Firmenbiografien sind im Kommen.

Business-Roman

Der Business-Roman ist im deutschsprachigen Raum noch nicht weit verbreitet. In Romanform werden wirtschaftliche Themen aufbereitet. Die Protagonisten durchlaufen größtenteils eine klassische Heldenreise. Das Storytelling macht trockene Themen leicht greif- und erlebbar. Der bekannteste Business-Roman ist wohl von John Strelecky „The big five for live - Was wirklich zählt im Leben", ein absolut lesenswertes Buch.

Sachbuch

Ein Sachbuch richtet sich an interessierte Laien. Es ist wissensorientiert, liefert Fakten und soll über das Thema informieren.

Das Expertenbuch

Der Terminus „Expertenbuch" ist nicht eindeutig definiert. Aus meiner Sicht ist ein Expertenbuch ein Sachbuch, das Elemente aus dem Storytelling, biografische Elemente und eventuell sogar fiktionale Elemente enthält. Es ist also eine gute Mischung, um die eigene Expertise und Geschichte zu vermitteln und sie mit werblichen Elementen (natürlich im Rahmen) zu versehen. Es ähnelt am meisten dem Sachbuch.

Natürlich gibt es auch noch weitere Genres, wie Romane, Thriller oder auch Gedichtbände, doch in diesem Buch möchte ich mich auf das Expertenbuch konzentrieren. Denn dieses Buch wird dir einen klaren Wettbewerbsvorteil verschaffen, wenn es zielgruppengerecht geschrieben und vermarktet wird.

Das Expertenbuch wiederum kann in unterschiedlichsten Formaten veröffentlicht werden, dazu mehr im Kapitel *Verlag vs. Self-Publishing.*

Viele Expertinnen und Experten wissen genau, dass ein Experten-Sachbuch genau das richtige Marketingtool für sie ist. Immer wieder höre ich auf Veranstaltungen, Online-Meetings oder auch über meine Social-Media-Kanäle, dass ein Buch unbedingt zur Positionierung gehört. Doch wenn das so klar ist, warum schreiben dann nur die wenigsten Expertinnen und Experten ihr Buch?

Wenn ich nachfrage, warum das Buch noch nicht geschrieben ist, dann erhalte ich die unterschiedlichsten Antworten.

- Ich weiß noch nicht, worüber genau ich schreiben soll!
- Was habe ich der Welt schon zu sagen?
- Es gibt schon so viele Bücher über mein Thema!
- Ich weiß nicht, wie ich veröffentlichen soll!

und noch viele mehr…

Viele dieser Personen, die ihr Buch bisher leider noch nicht geschrieben haben, haben hohe Ansprüche an sich selbst. Sie denken:

Mein Buch muss perfekt geschrieben und recherchiert sein. Es muss unbedingt die momentane Weltanschauung zum Thema XYZ verändern, darunter darf es nicht bleiben. Die Inhalte müssen absolut neu und noch niemals vorher veröffentlicht sein. Das Buch muss mindestens 500 Seiten haben, sonst ist es kein richtiges Buch …

Uff, klingt anstrengend, oder?

Hast du dich in diesen Antworten wiedererkannt? Dann möchte ich dir an dieser Stelle klar und deutlich mitgeben: Dein Buch, das du nicht geschrieben hast, nützt niemandem! Es nützt weder dir noch deinen Kunden, weder dir noch den Menschen, die von deinem Buch profitieren könnten, weder deinem Marketing noch deiner Positionierung noch deiner Sichtbarkeit. Ein nicht-geschriebenes Buch ist also gewissermaßen eine Lose-Lose-Situation.

Darum möchte ich, dass du dich heute, jetzt und hier, verpflichtest, deine Bedenken, Ausreden und Glaubenssätze über Bord zu werfen, und ernsthaft anfängst, an deinem Buch zu arbeiten. Einen ersten Schritt hast du damit getan, dass du dieses Buch liest und die Tipps, die in den späteren Kapiteln folgen, umsetzt, damit dein Wissen, deine Geschichte und deine einzigartige Expertise genau die Menschen erreichen, denen du damit helfen kannst. Stell dir einmal vor, dein Wissen bleibt in deinem Kopf. Da ist es zwar gut aufgehoben, nützt aber nur dir etwas. Vielleicht bist du als Coach oder Trainer schon bekannt und hilfst einigen Menschen. Aber nur einigen! Was wäre, wenn du noch viel mehr Menschen helfen könntest?

Natürlich kannst du auch Videos drehen oder Social-Media-Aktivitäten starten. Das ist alles möglich. Doch nach wie vor lesen viele Menschen gerne. Durch ein Buch können sie in ihrem eigenen Tempo arbeiten, können nachlesen, markieren oder auch sofort umsetzen. Ein Buch steht im Regal und erinnert sie immer wieder daran, dass umgesetzt werden muss, damit etwas passiert. Ein Video flimmert über den Bildschirm und ist dann weg.

In meinem Regal stehen unzählige Bücher. Ich lese etwa 50 pro Jahr, meist Sach- oder Fachbücher, gerne auch Biografien und gelegentlich einen Roman. Viele dieser Bücher lese ich nach einiger

Zeit noch einmal. Beim ersten Lesen nehme ich die Tipps mit, die gerade zu meiner Situation passen. Ich wende sie an und schaue, was passiert. Ein Jahr später habe ich meist andere Herausforderungen. Auch hierzu kann es Tipps in genau dem gleichen Buch geben, die ich vielleicht beim ersten Lesen noch nicht wahrgenommen habe, weil ich noch nicht so weit war. Ich finde das wunderbar. So lerne ich mit jedem Lesen dazu. Ein Video sehe ich mir hingegen überwiegend nur einmal an und gerade durch die Corona-Pandemie bin ich etwas Video-müde geworden. Aber ein Buch geht immer und überall, egal, ob am Strand, im Garten oder im Zug.

Also bitte gehe es an und schreibe dein Buch! Denke daran, was ein Buch alles für dich tun kann und vor allem, wie es anderen Menschen, also deinen Lesern weiterhelfen kann.

Die Glaubensfrage: E-Book vs Print

Immer wieder werde ich gefragt: „Mirjam, was für ein Buch soll ich veröffentlichen? E-Book oder Print?" Vielleicht erinnerst du dich an das, was Hermann Scherer im Vorwort geschrieben hat: Viel zu viele Menschen verlassen sich heutzutage auf die digitale Welt. Vor einigen Monaten waren für ein paar Stunden die Messenger-Dienste WhatsApp und auch Facebook nicht erreichbar. Viele meiner Geschäftspartner und Bekannten waren völlig verzweifelt. Während dieser Zeit konnten sie nichts posten, manche hatten Live-Videos geplant, die nicht stattfinden konnten und einige konnten ihren Kunden nicht antworten, weil die gesamte Kommunikation über WhatsApp stattfindet.

Auch ich nutze all diese Medien und bei einem mittel- bis langfristigen Ausfall wäre es auch für mich knifflig, alle meine Interessenten wie gewohnt zu erreichen. Mittlerweile habe ich Backup-

Systeme eingerichtet, die trotzdem größtenteils online funktionieren, ohne Internet wäre ich also aufgeschmissen. Die Digitalisierung ist daher keine Option mehr, sie ist ein Muss, willst du langfristig weiterhin erfolgreich sein. Insbesondere die Coronapandemie hat gezeigt, wie wichtig es ist, räumlich unabhängig arbeiten zu können. Die meisten meiner Coachings finden online statt. Trotzdem schätze ich den direkten Kontakt mit Menschen während Offline-Veranstaltungen. Eine Kombination ist aus meiner Sicht perfekt - und das gilt auch für dein Buch.

Aus meiner Sicht brauchst du also keine Entscheidung für das eine oder das andere zu treffen. Biete beides an, so können deine Kunden das auswählen, was sie am liebsten haben.

Ein Softcover-Buch bietet sich dann an, wenn dein Buch nicht allzu umfangreich ist und du es versenden möchtest. Ein Hardcover wirkt edler, wirkt aber bei nur wenigen Seiten oft übertrieben und ist in der Herstellung etwas teurer. Egal, welches Format du wählst, biete das E-Book immer zusätzlich mit an und lasse deine Leser entscheiden.

Schritt 3

Deine Zielgruppe

Aus dem Marketing kennen viele Menschen mittlerweile die sogenannte „Buyer-Persona". Damit wird ein Mensch aus Fleisch und Blut bezeichnet, der aber vorerst nur auf dem Papier existiert. Die „Buyer-Persona" ist also dein Ziel- oder Traumkunde. Es ist derjenige Mensch, auf den alle Produkte und Marketing- und Vertriebsaktivitäten deines Unternehmens abgestimmt werden. Die Vertriebsmannschaft eines Unternehmens sollte die „Buyer Persona" im Idealfall genauso gut kennen wie den eigenen Partner oder die Kinder. Soweit zumindest die Theorie.

Praktisch werden für eine „Buyer Persona" sämtliche Aspekte des Menschen, der die Produkte oder Dienstleistungen des Unternehmens letztendlich kaufen soll, recherchiert, zusammengefasst und für die Vertriebs- und Marketingaktivitäten aufbereitet. Die „Buyer Persona" bekommt dadurch ein Gesicht. Der Zielkunde beginnt durch diese detaillierte Beschreibung zu leben, er ist nicht mehr nur eine Statistik auf Papier. Angelehnt an genau diese „Buyer Persona" solltest du für dein Buch eine Leserpersona erstellen. Letztlich ist deine Leserpersona diejenige Person, die zuerst einmal dein Buch und dann möglichst auch deine Produkte oder Dienstleistungen kaufen soll.

Diese Leserpersona sollte also so detailliert wie möglich beschrieben werden, genau wie eine „Buyer-Persona". Es ist viel einfacher, ein Buch für eine bestimmte Person zu schreiben, ja, sich diese Person während des Schreibens bildlich vorzustellen und direkt mit ihr im Buch in den Dialog zu treten, als für eine diffuse Personengruppe ohne Gesicht zu schreiben. Häufig lohnt es sich, diese Person nicht nur mit Zahlen, Daten und Fakten zu beschreiben, sondern eine kurze Geschichte zu ihr zu entwerfen, wie etwa folgende, die ich im Rahmen eines Mentorings für eine Autorin entworfen habe, die mit Frauen an ihren alten Glaubenssätzen arbeitet:

Sabrina ist sauer. Sie hat keine Lust mehr, ständig zwischen Haushalt, Kindern, ihrem Partner und ihrem Job hin- und herzuspringen. Letzte Woche ist die Situation wieder einmal eskaliert. Als sie gerade gehetzt vom Einkaufen nachhause kam, öffnete ihr Mann die Tür mit den Worten: „Ich habe kein sauberes Hemd mehr." Da platzte ihr der Kragen! Soll er doch selbst waschen und bügeln! Warum war das nur ihr Job? Sie konnte sich auch nicht vierteilen. Doch Sabrina schluckte nur, so wie sie es häufig tat, brachte den Einkauf in die Küche und fing an, ein Hemd zu waschen, während ihr Mann im Homeoffice seine Meetings weiterverfolgte. Abends war sie wütend auf sich selbst. Warum konnte sie nicht für sich einstehen? Warum hatte sie solche Sorge, einmal nein zu sagen? Warum musste sie immer nur funktionieren? Sabrina fühlte sich ohnmächtig, traurig und ausgebrannt.

Diese Geschichte macht die Zielleserin sofort greifbar. Sie bekommt ein Gesicht und optimalerweise, so wie in diesem Fall, kann die

Autorin oder der Autor die Gefühle der Zielleser gut nachvollziehen, sie ansprechen und im weiteren Verlauf des Buchs immer wieder heranziehen, um Situationen gut zu erklären und zu lösen. Die obige Schilderung ist dabei nur ein Auszug, die tatsächliche Beschreibung der Leserpersona war noch deutlich umfangreicher.

Vielleicht erscheint dir das jetzt lästig. Schließlich kennst du deine Zielgruppe in- und auswendig und musst sie nicht noch einmal beschreiben. Wenn das *wirklich* der Fall ist, dann ist das absolut ausreichend. Wenn du im Schlaf weißt, was deine Zielperson beschäftigt, welche Schmerzen sie hat, was sie denkt, wenn sie abends einschläft, und was, wenn sie morgens aufwacht, dann ist das prima. Doch meist ist die Zielperson eher ein diffuses Konstrukt.

Frage ich Autorinnen und Autoren am Anfang ihres Buchprojektes, für wen sie schreiben wollen, höre ich oft nur Herumgedruckse: „Ja, mein Thema ist für alle interessant." Das mag sicherlich sein, aber wer ist in diesem Fall „alle"? Sind alle eher Teenager? Oder eher Chemieprofessoren? Frauen, Männer, diverse Personen? Junge, ältere? Menschen, die sich mit Spiritualität beschäftigen, oder klare Zahlen-Daten-Fakten-Typen?

Es gibt zwei Aspekte, die eine genaue Definition der Zielleser erforderlich machen:

Zum einen ist es wichtig, dass du deinen Text exakt auf die definierte Zielgruppe abstimmst. Was nützt es deinen Lesern, wenn sie zum Beispiel von dir verwendete Fachbegriffe nicht verstehen? Ein Buch für Leser, die am Wendepunkt ihres Lebens stehen und sich mit Persönlichkeitsentwicklung beschäftigen wollen, muss sprachlich anders formuliert werden als ein Ratgeberbuch für Steuerberater von Immobiliengesellschaften. Hole also unbedingt deine Zielgruppe sprachlich dort ab, wo sie steht. Das hat nicht nur damit zu tun, wie „salopp" dein Text eventuell geschrieben werden kann. Es hat auch klare Verständnisgründe: Erkläre beispielsweise alle Begriffe, die eventuell nicht allgemein verständlich sein könnten, in deinem Text oder in Fußnoten. Gehe dabei nicht von dir aus, denn du weißt selbstverständlich, worüber du schreibst, sondern versetze dich in die Lage deiner Zielleser. Sie sind unter Umständen nicht so tief im Thema wie du selbst. Sofern du unsicher bist, ob deine Leser sprachlich mithalten können, frage am besten eine Person aus deiner Zielgruppe, ob sie das Buch versteht. Mehr dazu später noch beim Thema Testleser.

Als zweiter Aspekt ist das Thema Marketing essenziell. Das fängt beim Titel an, geht über den Klappentext und die Covergestaltung bis hin zum finalen Verkauf deines Buchs an deine Zielleser.

Wenn du deine Zielgruppe beispielsweise bei der Covergestaltung nicht klar vor Augen hast, kann es passieren, dass du ein Cover gestaltest oder gestalten lässt, das zwar dir und deiner Familie und deinen Freunden gefällt, deine Zielleser aber nicht anspricht. Details sind bedeutungsvoll. Farb- und Schriftartenwahl sowie grafische Gestaltung können einen erheblichen Unterschied machen. Farben haben unterschiedliche Wirkungen und es lohnt sich, sich damit zu beschäftigen, denn ein Buch zahlt auf deine Personenmarke ein und hier spielen Farben eine große Rolle. Wenn du eine Designerin oder einen Designer hast, dann achte unbedingt darauf, dass diese Details berücksichtigt werden.

Achte bei deinem gesamten Buchprojekt immer darauf: Der Köder muss dem Fisch schmecken und nicht dem Angler. Allerdings, und hier möchte ich eine Ausnahme machen: Es ist dein Buch! Also darfst und sollst du authentisch bleiben und auch deine Sprache verwenden und dich nicht verbiegen. Versuche, deine Zielgruppe so gut es geht zu berücksichtigen, und schreibe so, wie es dir liegt. Vielleicht merkst du auch an diesem Buch, dass es eher „salopp" geschrieben ist. So kommuniziere ich auch im echten Leben und auf Social Media. Ich verbiege mich also nicht, auch wenn vielleicht der eine oder andere Satz zu viele Füllwörter enthält und sicherlich stilistisch deutlich korrekter formuliert werden könnte. Doch es ist mein Buch und ich weiß, für welche Zielgruppe ich schreibe, und da du bis hierhin gelesen hast, vermute ich, du bist genau die richtige Person.

Solltest du einen Ghostwriter beauftragen, wird auch er oder sie versuchen, deinen Sprachgebrauch möglichst authentisch wiederzugeben. Was nützt dir ein gestelzt geschriebenes Buch, wenn du auf Social-Media oder im ersten Kundengespräch völlig anders wirkst? Natürlich ist Schriftsprache nicht gleich gesprochener Sprache, doch wenn du im echten Leben nicht viele Fremdwörter verwendest, warum solltest du dann in deinem Buch damit um dich werfen? Ein guter Ghostwriter wird dies berücksichtigen und auch du solltest das unbedingt tun, wenn du selbst schreibst.

Je besser du deinen Zielleser definierst, bevor du auch nur das erste Wort geschrieben hast, umso besser kannst du dein Buch und dessen Marketing auf ihn oder sie abstimmen.

Wenn ich meine Kunden in Autorencoachings oder als Ghostwriter begleite, habe ich immer ein DIN A4-Blatt mit Details zu den jeweiligen Zielpersonen an einer Wand neben meinem Rechner hängen. Wenn ich im Text nicht vorankomme, weil ich nicht sicher bin, ob die Zielperson sich überhaupt für das Thema interessiert, dann lese ich noch mal kurz, wer die Person genau ist und überlege, welche Fragen sie sich wohl gerade zum Thema stellen würde.

Bist du schon als Coach tätig, dann hast du sicher einen Lieblingskunden, den du als Zielperson verwenden kannst. Je echter dieser Mensch ist, umso leichter wird es dir fallen, für ihn oder sie zu schreiben.

Gibt es noch keine reale Person, für die du schreiben kannst, dann kannst du eine optimale Leserpersona definieren, indem du die folgenden Fragen stellst und sie beantwortest:

- Wie alt ist dein Zielleser?
- Ist er männlich/weiblich/divers?
- In gemischten Gruppen - eher männlich/weiblich/divers? (prozentuale Angabe)
- Was und wo arbeitet er?
- Ist er verheiratet/geschieden/single?
- Hat er Kinder? Wenn ja, wie viele (im Durchschnitt)?
- Welches Einkommen hat er?
- Welchen Bildungshintergrund hat er?
- Was isst er gerne?
- Wo kauft er ein?
- Wie viel gibt er für Bekleidung/Lebensmittel/Vergnügung/ Sparen etc. aus?
- Ist er politisch aktiv? Wenn ja, in welcher Partei?
- Wo lebt er? Eher ländlich oder städtisch? Einfamilienhaus oder Wohnung? Zur Miete oder Eigentum?
- Wie viele Freunde hat er?
- Was macht er in seiner Freizeit?

- Was liebt er?
- Was hasst er?
- Was treibt ihn zur Weißglut?
- Wohin fährt er in den Urlaub?
- Welche Social-Media-Webseiten benutzt er?
- Welche (anderen) Bücher kauft er?
- Warum sollte er dein Buch kaufen?

Viele dieser Informationen hören sich im ersten Moment vielleicht unnötig an und wahrscheinlich wirst du auch nicht alle Informationen herausfinden oder benötigen. Ist die politische Gesinnung etwa für dein Thema völlig egal, dann brauchst du diese Frage nicht zu beantworten. Je besser du allerdings deinen Zielleser definierst, umso besser kannst du Text, Cover, Titel und Klappentext und die Vermarktung auf diese Person abstimmen. Erschaffe also einen Zielleser, den du so gut kennst wie deinen besten Freund. Schreibe sämtliche Punkte, die du recherchierst, auf ein Blatt Papier oder ein Flipchart oder alternativ in eine Datei, die du während des Schreibens immer griffbereit hast. Solltest du im Text stocken, sieh dir diese Datei wieder an, um dich daran zu erinnern, für wen du schreibst.

Neben sämtlichen demografischen Informationen, also den „hard facts", benötigst du vor allem auch einen noch tieferen Einblick in den Kopf deiner Zielgruppe. Also frage dich bitte auch:

Welches sind die größeren und auch kleineren Herausforderungen, mit denen sich deine Zielgruppe beschäftigt?

Fragen können sein:

- Ist die Person gestresst oder eher ruhig? Warum?

- Fühlt sie sich wohl in ihrem Job, Umfeld, in ihrer Wohnung? Mit den finanziellen Gegebenheiten?
- Möchte die Person etwas verändern?
- Mit welchen Herausforderungen kämpft deine Zielperson gerade? Welche hat sie in der Vergangenheit schon gemeistert?
- Was lässt sie nachts nicht schlafen?

Je nach deinem Buchthema können auch noch weitere Themen und Fragen über deine Zielgruppe relevant sein. Ein praktischer Nebeneffekt: Wenn du deine Zielgruppe exakt definierst und weißt, was sie zu deinem Thema beschäftigt, hast du bereits einige Inhalte für dein Buch fast nebenbei generiert. Genial, oder?

Vielleicht bemerkst du allerdings, dass sich während der Recherche für dein Buch oder sogar noch während des Schreibens deine Zielgruppe verändert. Das ist unproblematisch, solange dein Buch noch nicht veröffentlicht ist, denn Anpassungen sind dann immer noch möglich. Je früher du allerdings Klarheit über deine Zielgruppe hast, umso leichter wird es dir fallen, dein Buch zielgruppengerecht zu schreiben und später zu veröffentlichen oder einen Verlag für dein Buch zu finden. Mehr dazu, warum die Zielgruppe für das Finden eines passenden Verlags so wichtig ist, erfährst du im Kapitel „Verlag".

Schritt 4

Struktur und Text

Viele Autoren setzen sich vor ihren Rechner und fangen an zu schreiben. Sie schreiben so lange, bis sie zwei Seiten voll haben. Dann fangen sie an, das Geschriebene noch einmal zu lesen. Häufig meldet sich dann der innere Kritiker zu Wort, der die Texte „nicht gut genug", „durcheinander", „zu sachlich" oder „zu salopp" findet. Wie du weißt, bin auch ich vor Jahren in diese Falle getappt und auch bei diesem Buch haben zahlreiche Glaubenssätze versucht, mich vom Schreiben abzuhalten. Sogar mehr als versucht: Der Rohentwurf für dieses Buch lag mehr als sechs Monate in meiner Schreibtischschublade. Du siehst also, selbst Profis tappen gelegentlich noch in die Falle: „Was habe ich schon zu sagen?"

Letztlich kam der Impuls, dieses Buch nun endlich anzugehen, von außen. Meine Tochter - sie ist fünfzehn - hat mir den Kopf gewaschen. „Mama, du kannst doch nicht anderen Leuten ständig sagen, dass es wichtig ist, dass sie ihr Wissen in die Welt tragen, und du selbst bekommst es nicht hin!" Meine lahmen Ausreden: „Ich habe keine

Zeit, ich muss erst noch....", hat sie nicht akzeptiert. Kinder sind etwas Wunderbares. Also sitze ich jetzt hier und schreibe und - siehe da - immer wieder tun sich Zeitfenster auf und ich schaffe mir ebensolche (mehr zum Thema Zeitmanagement später).

Doch zu Anfang ist erst einmal Struktur wichtig. Vielleicht ächzt du jetzt innerlich und denkst: *Muss das sein?*

Nein, nichts muss, aber alles kann oder besser, es sollte. Insbesondere dann, wenn du keine erfahrende Autorin oder kein erfahrener Autor bist, ist es hilfreich, zumindest eine grobe Struktur für dein Buch zu erstellen. Dafür brauchst du keine ellenlangen Listen, großartige Mindmaps oder einen Quadratmeter Post-its auf deiner Wand. Hilfreich ist es allerdings, dir eine Methode zu überlegen, die du nutzen möchtest, um deine Gedanken zu strukturieren.

Vielleicht nutzt du in deinem Arbeitstag schon ein Projektmanagement-Tool wie etwa Trello, Asana oder auch eine Excel-Liste. Oder du kommst mit Mindmaps oder einem Tablet gut zurecht. Nutze das, was bisher schon für dich funktioniert.

Hier ein kleiner Exkurs: Es gibt mittlerweile zahlreiche Schreibprogramme auf dem Markt. Die gängigsten sind Papyrus und Scrivener und häufig werde ich gefragt, ob man ein solches Programm benötigt, um ein Buch zu schreiben. Schreibst du dein erstes Expertenbuch, brauchst du kein solches Programm. Bei deinem ersten Buch sollst du dich komplett auf die Inhalte konzentrieren und dich nicht noch in eine Software einarbeiten, die du nicht unbedingt benötigst. Dein normales Schreibprogramm wie Word, Pages oder auch LibreOffice reichen völlig aus. Die Profi-Schreibprogramme sind in erster Linie für Romanautorinnen und -autoren gedacht, die umfangreich plotten (das bedeutet, sie legen die Grundstruktur des

Romans mit allen Figuren und Handlungssträngen vorher fest).

Dein Expertenbuch aber wird in den meisten Fällen keine Protagonisten haben (außer dir selbst und vielleicht deinen Kunden), die du über mehrere Kapitel hinweg Handlungen ausführen lässt. Du kannst dich bequem von Kapitel zu Kapitel schreiben – zumindest empfehle ich dir das für dein erstes Buch. Planst du einen Business-Roman, dann sieh dir zumindest die Programme einmal an; oft gibt es Testversionen, die du einige Wochen ausprobieren kannst. Natürlich möchte ich dich nicht davon abhalten, ein solches Programm zu kaufen, nötig ist es jedoch erst einmal nicht. Dieses Buch entsteht im schnöden Word auf einem Acer-Rechner (ich habe noch nicht einmal einen Mac …).

Doch zurück zur Struktur. Mit oder ohne Profi-Schreibprogramm empfehle ich dir, dein Buch vorab zumindest grob zu strukturieren. Eine grobe Struktur wird es dir erleichtern, deine Leser durch das Buch zu führen und dich selbst nicht in deinen Themen zu verzetteln. Die Strukturierung muss nicht bis in die letzte Unterkapitelstruktur erfolgen, aber stelle dir zumindest die folgenden Fragen:

- Welches Ziel will ich mit dem Buch erreichen?
- Wer ist der ideale Leser?
- Welche Probleme, Wünsche oder Fragen hat der Leser?
- Welche drei (oder mehr) Learnings soll der Leser unbedingt aus dem Buch mitnehmen?

Du siehst, einen Teil dieser Antworten kannst du schon aus dem Ärmel schütteln, wenn du die vorigen Kapitel bearbeitet hast.

Schreibe dir zu diesen Fragen jeweils Stichworte auf, die du dann in eine logische Reihenfolge bringst. Die logische Reihenfolge legst du für dich und deine Leser fest. Du hast die Erfahrung, welche Schritte deine Leser benötigen, um von Seite eins (ihrem Problem) zur letzten Seite (ihrer Lösung und deinem Call-to-Action) zu gelangen. Ich nenne diese Struktur gerne Leserreise. Du holst deine Leser auf der ersten Seite deines Buches ab, indem du erst einmal beschreibst, dass du ihre Situation kennst. Du machst klar, dass du weißt, mit welchen Problemen sie sich gerade herumschlagen. Hier kannst du detailliert beschreiben, was du für deine Leserpersona alles herausgefunden hast. Erinnere dich an die Fragen: Was hält deine Leser nachts wach? Was wünschen sie sich? Warum hat es bisher nicht geklappt? Hole deine Leser an dieser Stelle gut ab. Du hast nur eine Chance für einen guten ersten Eindruck. Langweile deine Leser vor allem nicht mit ellenlangen Beschreibungen über dich selbst. Natürlich ist es wichtig, deinen Lesern klarzumachen, dass du Expertin oder Experte für dieses Thema bist. Doch das, was die Leser zu Anfang am meisten interessiert, ist: What´s in it for me? Was habe ich davon, wenn ich dieses Buch lese? Warum sollte ich es lesen? Finde ich hier eine Lösung für mein Problem? Und wenn das klar ist, folgt: Warum bist ausgerechnet du der oder die Richtige, um diese Herausforderung mit deinen Lesern anzugehen?

Überlege also wie folgt:

Welche Schritte brauchen deine Leser, um zum Ziel zu gelangen? Und was ist dein Ziel mit dem Buch? Bringst du diese beiden Ziele zusammen, erschaffst du durch dein Buch eine Win-Win-Situation für alle Beteiligten.

Wenn du noch nicht weißt, welche Themen du in deinem Buch behandeln sollst, dann empfehle ich dir folgende Vorgehensweise:

Nimm dir ein DIN A4-Blatt und schreibe „Buchthemen" darauf. Dieses DIN A4-Blatt lässt du an prominenter Stelle auf deinem Schreibtisch, in deinem Wohnzimmer oder irgendeinem Ort, an dem du häufig vorbeikommst, liegen. Jedes Mal, wenn du daran vorbeigehst, schreibst du einen Begriff auf dieses Blatt, ohne groß nachzudenken. Das machst du mindestens eine Woche lang. Dann legst du das Blatt eine Woche weg. Dann wiederholst du das Ganze erneut für eine Woche. Du wirst sehen, nach diesen drei Wochen hast du eine Vielzahl an Themen. Und du wirst erkennen, wie wichtig es ist, deinem Gehirn Raum für Kreativität zu bieten, deshalb die Pausenzeit, die ich dir auch gerne an dieser Stelle schon empfehle, wenn es im Schreibfluss einmal stockt.

Diese groben Buchthemen kannst du nun in Themenblöcke unterteilen. Nehmen wir einfach einmal an, du möchtest ein Buch über „Erfolgreiche Kommunikation im Vertrieb" schreiben. Nach den drei Wochen hast du folgende Begriffe auf deinem Zettel:

Telefonate | Kundenansprache | Reklamationen | Sprache | Zeitbedarf | Ansprechpartner | Ruhe | Mindset | E-Mail | Häufigkeit der Ansprache | Terminvereinbarung | Produktwissen | FAQ | Lautstärke | Empfang | Online-Meeting |

Diese Begriffe kannst du nun aus deiner Erfahrung heraus in Themenblöcke zusammenfassen, etwa wie folgt:

Kommunikationsmittel: Telefon | E-Mail | Online-Meeting

Hintergrundwissen: Sprache | Ansprechpartner | Häufigkeit | Produktwissen | FAQ

Voraussetzungen (techn.): Empfang | Lautstärke

Soft Facts: Kundenansprache | Ruhe | Mindset

Wahrscheinlich hast du noch viel mehr Begriffe auf deinem Zettel und findest noch weitere Themenblöcke, die du nun behandeln kannst. Jetzt nimmst du dir zu jedem Themenblock einen weiteren Zettel und schreibst ebenfalls alle Unterpunkte auf, die dir dazu einfallen. Bringe die Unterpunkte in eine logische Reihenfolge und du hast eine grobe Buchstruktur.

Diese Strukturierung kannst du natürlich auch mit einer Software wie Trello oder einer App auf deinem Handy machen, doch ich bin ein Freund von gut sichtbaren Zetteln. Eine App musst du immer erst öffnen und damit gerät sie aus deinem Blickfeld. Doch letztlich - bitte entscheide du, wie du am sinnvollsten arbeiten kannst. Wie du zum Ergebnis kommst, ist nebensächlich, Hauptsache, du kommst zu einem Ergebnis.

Zu diesen Unterpunkten findest du jetzt weitere Stichworte, die du dann mit „Leben", also Text, füllst. Beginne dazu zu jedem der Unterkapitel ein neues Dokument. Ob du das in Word machst oder auch hier mit Trello arbeitest, bleibt dir überlassen. Wichtig ist, dass du jetzt ins Schreiben kommst. Denke immer daran: Eine volle Seite kannst du verbessern, eine leere Seite nicht. Also schreibe so lange und so viel, bis du alle Punkte berücksichtigt hast und dir nichts mehr einfällt. Das ist essenziell an dieser Stelle! Schreibe wirklich erst einmal alles auf, was dir einfällt. Erst danach fängst du an, die Inhalte noch mal zu lesen und zu verbessern. Du musst es erst einmal schaffen, deinen inneren Kritiker zum Schweigen zu bringen und in einen Schreibfluss, deinen Flow, zu kommen. Fängst du nach einer halben Seite an, alles noch einmal zu lesen, kommst du aus dem Kreativ- in den Verbesserungsmodus und die Kreativität geht flöten. Also, bitte zuerst einmal schreiben, so lange und so viel du kannst, und dann erst verbessern. Wenn du dir nur einen Tipp aus diesem Buch mitnimmst, dann wünsche ich mir, dass es dieser Tipp ist.

Denn unser Gehirn ist immer auf Fehlersuche. Leider sind wir schon von klein auf darauf trainiert, nach Fehlern zu suchen. Denke einmal zurück an deine Deutscharbeiten. Dort hat sicher nicht gestanden: 1587 Wörter richtig geschrieben - nein, stattdessen stand dort: 24 Fehler, Note 3 (ob das jetzt der richtige Schlüssel ist, weiß ich nicht, es geht nur darum, dir das Prinzip aufzuzeigen). Mit diesem System sind wir aufgewachsen, bedauerlicherweise eine deutsche „Tugend". Doch genau diese Tugend können wir uns beim Verbessern zunutze machen, indem wir gründlich das Geschriebene noch mal durcharbeiten, es ergänzen und verbessern, doch erst, nachdem alles Wesentliche aufgeschrieben wurde.

Fällt dir nichts mehr ein, was du schreiben könntest, nutze gerne die folgenden Fragen als Inspiration:

- Warum sollte der Leser sich damit beschäftigen?
- Warum ist das wichtig?
- Welche Vorteile/Nachteile hat diese Vorgehensweise/dieses Produkt/diese Dienstleistung/diese Ansicht?
- Welche Fehler kann der Leser dabei machen?
- Welche Chancen gibt es dabei?
- Was ist neu/anders?

Bitte vergiss nicht, deine Ausführungen mit Beispielen oder Geschichten zu unterfüttern. Erst diese machen dein Buch lebendig, unterscheiden es von anderen und machen es zu deinem Buch. Denn Wissen ist mittlerweile überall und zu jeder Zeit verfügbar. Möchte ich etwas wissen, bemühe ich eine Suchmaschine oder schaue mir ein YouTube-Video an.

Vor einiger Zeit habe ich mir einen faltbaren Greenscreen gekauft. Als zu Anfang der Coronapandemie immer mehr Videokonferenzen auf dem Programm standen, hatte ich mein Home-Office noch nicht videotauglich eingerichtet und musste meinen etwas chaotischen Hintergrund verschwinden lassen. Der faltbare Greenscreen war in einer runden Verpackung und sobald man sie öffnete, faltete sich der Greenscreen von selbst auf, fast wie die Pop-up-Zelte, die es mittlerweile zu kaufen gibt. So weit, so gut, die Herausforderung begann erst mit dem Wegräumen. Zwar war in der Verpackung eine Anleitung zum Zusammenfalten des Screens, doch ich kam damit nicht zurecht. Also schaute ich auf YouTube nach, ob ich dort ein Video finden würde, das mir weiterhilft. Ich fand nicht nur eines, sondern hunderte und entschied mich für eines, das nicht die meisten Aufrufe hatte (etwa 200.000 - ich war also nicht die Einzige mit diesem Problem), sondern das draußen gedreht war. Der nette Mann im Video erzählte noch eine kleine Geschichte dazu, warum er den Greenscreen nutze und wie er herausbekommen hatte, wie er am besten zu falten sei. Das fand ich witzig und - ich gestehe - ich muss mir jedes Mal wieder dieses Video ansehen, da ich mir partout nicht merken kann, wie ich das Teil falten muss. So viel zum Thema Wissen. Das reine Wissen hatte ich auch über den Beipackzettel, aber es macht viel mehr Freude, dem netten Amerikaner zuzusehen, wie er auf der Straße in der Sonne seinen Greenscreen faltet.

Vergiss also bitte nie: Du bist ein Mensch und keine Schreib-Maschine! Lass deine Leser an deinen Gedanken teilhaben. Vermittle zwar Wissen, aber nicht nur, und streue immer wieder Anekdoten, Beispiele und Geschichten ein. Und wenn du partout keine passende Geschichte hast, dann erfinde eine. Damit meine ich nicht, dass du Menschen anlügen sollst, doch wenn du noch nichts erlebt hast, was gut zu deinem Thema passt, dann erfinde eine Geschichte, die sich genau so zugetragen haben könnte. Natürlich darfst du Menschen nichts vormachen und solltest alles, was du in deinem Buch versprichst, auch halten können. Doch du kannst durchaus Beispiele zur Veranschaulichung wählen, die vielleicht noch nicht passiert sind, aber genauso passiert sein könnten. Allerdings - hier noch eine Warnung: Merkst du, dass du nur Geschichten erfindest und gar nichts beitragen kannst, das wirklich passiert ist, solltest du noch einmal intensiv überdenken, ob das Thema, dass du gewählt hast, wirklich dein Expertenthema ist. Doch das versteht sich aus meiner Sicht von selbst.

Mein Mann und ich haben beispielsweise vor einigen Jahren einen Teich gebaut. Es ist kein kleiner Teich, er misst etwa 17 x 8 Meter. Monatelang haben wir geplant, sind zu Teichbesitzern gefahren, um uns Beispiele anzusehen und herauszufinden, was uns gefällt und was nicht. Wir haben Bücher und Kataloge gewälzt und uns letztlich für ein Teichbausystem einer Firma aus Ibbenbüren entschieden. Die Teichgrube musste ausgehoben, geglättet, dann mit Vlies und einer grünen Matte ausgelegt und anschließend betoniert werden. Der Schwimmteich funktioniert mit einer natürlichen Klärung über einen separaten Filtergraben. Zusätzlich haben wir nach zwei Jahren eine UV-Klärung eingebaut, um dauerhaft klares Wasser zu haben. Insgesamt haben wir uns also viele Monate mit dem Teichbau beschäftigt, Für und Wider abgewogen und ich habe jeden Eimer Beton des Teichbodens selbst in der Hand gehabt. Es war eine üble Phase, anders kann ich es heute nicht sagen. Über Wochen haben mein Mann und ich, teilweise gemeinsam mit Freunden und Familie, jeden Abend und am Wochenende an diesem Teich gebaut. Ich habe knietief im Matsch gestanden und konnte manchmal meine Arme gar nicht mehr hochheben, da sie so weh getan haben. Oft genug haben wir uns gezofft, weil ich eher jemand bin, der schnell loslegen möchte, während mein Mann die Dinge gerne gründlich überdenkt - und bei diesem Teich gab es reichlich Konfliktpotenzial. Doch auch, wenn es eine harte Bauphase war, heute genießen wir unseren Teich jeden Tag, und das zu jeder Jahreszeit.

Warum ich das erzähle? Nun, auch wenn wir viel Hirnschmalz und Energie in dieses Projekt gesteckt haben, würde ich mich niemals erdreisten, ein umfangreiches Buch über Teichbau zu schreiben. Zwar haben wir in der Bauphase reichlich Erfahrungen gemacht, die sicherlich dem einen oder anderen weiterhelfen könnten, aber es war nur ein Projekt. Reicht das nun aus als Buchthema? Ich meine: Nein, denn wir haben selbst gemerkt, dass zu einem Teichbau viel mehr gehört als nur Teichgrube ausheben - Folie rein - fertig. Es gibt zahlreiche Menschen, die mehrere solcher Projekte realisiert haben, die sich mit Gewässerbiologie auskennen und die sich viel länger damit beschäftigt haben als wir. Ich sehe mich also zum einen nicht als Expertin auf diesem Gebiet und zum anderen stelle ich mir die Frage: Was würde mir ein Buch über Teichbau nützen? Würde es zu meinem Ziel beitragen, als Autorencoach und Ghostwriter Menschen zu begleiten, ihre Bücher zu schreiben? Wohl eher nicht.

Selbstverständlich könnte ich jetzt recherchieren, überlegen und vielleicht noch die eine oder andere Geschichte „erfinden". Doch ich hätte dabei kein gutes Gewissen. Allerdings, wer weiß, vielleicht schreibe ich irgendwann einmal ein Buch über meine Erfahrungen mit diesem Teichbausystem. Das wird dann sicherlich kein Standardwerk für Teichbau, doch die Inhalte könnte ich vertreten, da sie auf meiner persönlichen Erfahrung beruhen.

Also lange Rede, kurzer Sinn: Stellst du fest, dass du zu deinem gewählten Thema keine dreißig Seiten füllen kannst, dann solltest du noch mal in dich gehen. Ist dieses Thema ein Buch wert? Hast du ausreichend Wissen und Expertise, um andere Menschen zu inspirieren und sie weiterzubringen? Und wenn du diese Fragen mit Nein beantworten musst, dann überlege bitte noch mal neu.

Schritt 5

Dein Thema – sicher?

Stellst du fest, dass dein bisheriges Wissen in einem Bereich nicht ausreicht, um damit ein Buch zu füllen (auch dann, wenn du ordentlich recherchierst und vielleicht die eine oder andere Geschichte dazupackst), dann begrabe deinen Traum vom eigenen Buch bitte nicht sofort. Stattdessen empfehle ich dir, eine Art „Lebensinventur" zu schreiben.

Nimm dir ein paar Stunden Zeit, mach es dir gemütlich und nimm dir vielleicht sogar ein Fotoalbum, Arbeitszeugnisse oder einen bereits vorhanden Lebenslauf dazu. Und dann schreibe auf, was du in deinem Leben schon alles erlebt hast, und zwar seit deiner Kinderzeit. Oft verstecken sich hier Dinge, die du nicht als besonders wahrnimmst, die aber als ergänzende „Skills" gelten können. Hast du in deiner Jugend Zeitungen ausgetragen? Hast du während deines Studiums oder deiner Ausbildung eine Sportgruppe geleitet? Warst du schon immer der Organisator von Familienfeiern? Hast du Kinder großgezogen? Gelingt es dir, schnell Kontakt zu anderen Menschen herzustellen? Schreibe alles auf, was dir einfällt, und insbesondere die Themen, die dir leichtfallen. Gerade das, was wir für „normal" erachten, das, was uns leichtfällt, kann für andere Menschen eine große Hilfe bedeuten.

Meine Eltern hatten zwei Schmuckläden und schon mit 13 Jahren habe ich dort Kunden bedient. Ich konnte Uhrenbatterien wechseln, habe Reparaturaufträge angenommen, Schmuck verkauft und die Kasse bedient. Gelegentlich habe ich Fenster dekoriert und schon früh Telefonate mit Kunden geführt. Für mich war das nichts Besonderes, es gehörte zu meinem Alltag. Aus dieser Zeit habe ich eine hohe Kundenorientierung mitgenommen und die Eigenschaft, schnell mit fremden Menschen Kontakt herzustellen. Heute kommt mir diese Fähigkeit auf Netzwerkveranstaltungen und auch Social-Media zugute. Für mich ist das nichts Besonderes, für manche Coachees meiner Ghostwriting-Akademie aber eine unglaubliche Herausforderung.

Was kannst du anderen Menschen beibringen? Wenn du nicht auf Anhieb etwas findest, dann frage dein Umfeld. Menschen, die dich gut kennen, können dir meist zwei oder drei Dinge auf den Kopf zusagen, die dich besonders machen. Trau dich! Du hast nichts zu verlieren und kannst nur gewinnen.

Eine Möglichkeit herauszufinden, was du gut kannst, ist auch hier wieder eine Liste. Nimm dir etwas Zeit und schreibe 50 (!) Dinge auf, die dich einzigartig machen. Ja, du hast richtig gelesen: 50 Dinge. Hör nicht vorher auf, bis du 50 zusammenhast. Die ersten zehn fallen dir wahrscheinlich leicht, doch dann wird es größtenteils schon knifflig. Da du allerdings 50 aufschreiben solltest, fällt dir nach und nach vieles ein, was im ersten Moment nicht offensichtlich ist, dich aber als Mensch ausmacht. Probiere es aus. Viel Spaß dabei!

Schritt 6

Schreibfaul? Nicht doch …

Du hast also deine Zielgruppe, dein Thema, dein Warum und deine Struktur. Wunderbar. Der Moment ist gekommen, dein Buch mit Leben zu füllen. Du beginnst, dein wertvolles Wissen, gepaart mit Beispielen und Geschichten, aufzuschreiben. Da du weißt, dass du erst einmal schreiben sollst, bevor du anfängst, zu korrigieren, läuft es einige Tage hervorragend. Du kommst vorwärts, jeden Tag schreibst du fast eine ganze Stunde. Es fließt förmlich aus dir heraus. Nach zwei Wochen hast du schon richtig viel geschafft und die 10 000-Wörter-Grenze überwunden. Zeit für eine Pause, nein, Zeit, die liegengebliebenen Dinge aufzuarbeiten.

Zwei Tage später öffnest du dein Buchdokument erneut. Du rechnest einmal kurz durch: 10 000 Wörter, das sind ungefähr 40 Seiten. Wow. Äh …

Nur 40 Seiten? Uff. Dann dauert das noch mal mindestens drei oder vier Wochen, bis du die 200 Seiten voll hast, die du schreiben wolltest! Du schaust in deinen Kalender. Einige Kundentermine stehen an, die noch vorbereitet werden wollen, und außerdem hast du deinen Kindern versprochen, am Wochenende mit ihnen ins Kino zu gehen. Wenn du jetzt weiterhin eine Stunde täglich schreibst, dann fehlt dir diese Vorbereitungszeit und das Kino fällt flach. Und jetzt? Schließlich kannst du dich nicht zweiteilen. Du legst dein Buchprojekt erst einmal auf Eis. Der Alltag hat dich eingeholt.

Leider geht es vielen der Autorinnen und Autoren, die ich im Coaching begleite, genau so. Sie starten enorm motiviert in ihr Buchprojekt und kommen gut voran. Einen oder auch zwei Monate läuft es prima, doch dann fängt es an und „Dinge kommen dazwischen". Das Business, die Familie, manchmal auch eine Krankheit lassen das Buchprojekt stocken. Oft sind die Autorinnen und Autoren dann völlig frustriert, weil es nicht so vorwärtsgeht, wie sie es erwartet haben. Sie setzen sich enorm unter Druck, um trotzdem noch einige Zeilen pro Tag zu schreiben, doch der Output bleibt hinter ihren Erwartungen zurück.

Um nicht in diese Falle zu tappen, solltest du zu Anfang absolut ehrlich zu dir sein. Wie viel Zeit kannst du tatsächlich in dein Buchprojekt investieren? Ist es eine halbe Stunde pro Tag? Eine Stunde? Jeden Samstag zwei Stunden? Oder möchtest du lieber zwei Wochen wegfahren und in dieser Zeit in einer schönen Ferienwohnung mit Blick auf das Meer schreiben, anstatt Urlaub zu machen?

Buch schreiben dauert. Meistens länger, als du denkst, denn mit dem Schreiben alleine ist es noch nicht getan. Die Struktur und auch die Fertigstellung, die Überarbeitungsphasen mit Lektorat und Korrektorat oder die Kommunikation mit dem Verlag, vielleicht sogar die Kommunikation mit Dienstleistern, solltest du selbst veröffentlichen, kosten reichlich Zeit. Außerdem schreibt nicht jede Person gleich schnell. Tippst du nach dem „Adler-System" (dein Finger überfliegt die Tastatur, du siehst den gewünschten Buchstaben aus der Adlerperspektive und schlägst dann zu) brauchst du deutlich länger, als wenn du das 10-Finger-System perfekt beherrschst. Manche Autorinnen und Autoren schaffen es, täglich mehrere Stunden am Stück zu schreiben. Ich brauche nach zwei Stunden eine größere Pause, spätestens nach vier Stunden täglich ist bei mir Schluss. Für meine Ghostwriting-Aufträge plane ich das entsprechend ein. Und auch du solltest dir Zeitfenster suchen, in denen du regelmäßig schreibst. Überlässt du das Schreiben nämlich dem Zufall, hier also dem unwahrscheinlichen Fall, dass du alle Kundenanfragen und Mails bearbeitet hast, dein Haushalt erledigt ist, die Wäsche gebügelt, die Kinder friedlich schlummernd und dein Magen voll, dann kommst du wahrscheinlich nie dazu.

Mache dein Buch zu deiner Priorität! Du hast ein Ziel, vergiss das nicht, also arbeite daran. Erschaffe dir also von Anfang an Schreibroutinen und überlege dir, wie viel Zeit du täglich, wöchentlich oder monatlich investieren kannst. Und überlege dir vor allem, wo diese Zeit herkommen soll. Stehst du morgens etwas früher auf? Gehst du abends später ins Bett? Verkürzt du deine Meditation oder dein Sportprogramm? Triffst du dich am Wochenende nicht mehr mit deinen Freunden? Ziehst du dich im Urlaub zurück und schreibst, anstatt am Strand zu liegen oder in den Bergen herumzukraxeln? Läufst du nur noch mit zerknitterten Blusen herum und gibt es ab sofort nur noch Tiefkühlkost?

Vielleicht denkst du an dieser Stelle, dass ich völlig übertreibe, doch nein, das tue ich leider nicht. Immer wieder erhalte ich von meinen Autorinnen und Autoren die Aussage: „Ich hätte nicht gedacht, dass es so lange dauert." Doch ich möchte dir auch keine Angst machen. Es ist möglich, deine Schreibzeit in deinen Alltag zu integrieren. Hier meine Tipps für dich:

Schaffe dir zuerst eine kreative Atmosphäre, die dich inspiriert. Schreibe zum Beispiel immer an selben Ort, vielleicht sogar in einem Café oder in der Natur, wo du deinem Alltag entgehen kannst. Schreibst du an deinem Arbeitsplatz, stelle unbedingt alle Störfaktoren aus. Deaktiviere die Benachrichtigungen deines Mailprogrammes. Schließe sämtliche Social-Media-Programme. Versetze dein Smartphone in den Flugmodus oder lasse nur die allerwichtigsten Anrufe durch. Stecke dein Festnetztelefon aus oder stelle es auf lautlos.

Gerade, als ich diesen Text schreibe, kommt übrigens eine Benachrichtigung auf meinem Telefon herein. Ich habe heute vergessen, es auszustellen. Alleine das kurze „Ping" und der automatische Blick auf das Telefon bringen mich aus dem Schreibfluss. Daher meine Empfehlung: Eliminiere soweit es möglich ist sämtliche Störfaktoren!

Als Nächstes gilt es, herauszufinden, wann du am besten schreiben kannst. Meine kreativste und produktivste Phase ist morgens, direkt nach einer kleinen Sporteinheit. Dann bin ich frisch im Kopf, habe schon etwas für meinen Körper getan und kann mich nun zwei Stunden auf meinen Text konzentrieren. Ich starte sofort in meine Schreibzeit, lese vorher keine Mails oder Benachrichtigungen, die mich ablenken könnten. Vielleicht fragst du dich jetzt, wie das gehen soll, denn schließlich kommen auch bei dir Kundenmails herein, du musst Fragen beantworten oder sofort auf Social-Media prüfen, was du verpasst hast. Ich dachte anfangs auch, dass ich unmöglich morgens nicht zuerst meine Mails lesen kann, schließlich war ich das aus meiner Zeit als Angestellte gewohnt: Computer an, Mails beantworten und dann in den Tag starten. Allerdings ist das nur Gewohnheit und Gewohnheiten lassen sich ändern.

Meine Kunden sprechen in meiner Schreibzeit auf meinen Anrufbeantworter und die Mails beantworte ich meist ab 10:00 Uhr, das ist immer noch früh genug. Wenn es dir heute noch schwerfällt, sofort in eine solche „Offline-Fokuszeit“ zu starten, dann beginne mit kleineren Änderungen. Höre auf, morgens direkt deine Social-Media-Accounts zu prüfen. Oder mach zumindest dein Telefon aus. Stück für Stück schaffst du es so, zu deiner Fokuszeit zu gelangen. Vergiss dein Ziel nicht: dein Buch!

Bist du eher ein Abendmensch, kannst du natürlich morgens mit deinen Aufgaben in den Tag starten und abends schreiben. Du weißt am besten, wann du deine produktivste Zeit hast. Hier kommt ein wichtiger Punkt: Nutze auch wirklich deine produktivste Zeit zum Schreiben! Nicht irgendeine Lücke. Du möchtest dein wertvolles Wissen weitertragen und dieses Vorhaben hat deine volle Aufmerksamkeit verdient und kein „irgendwann mal“.

Zu Anfang meiner Selbstständigkeit habe ich den Tag mit Kleinigkeiten verbracht. Ich habe Rechnungen bezahlt, Mails geprüft, Social-Media-Posts gemacht und Unterlagen sortiert und abgeheftet. Zwar war mein Schreibtisch dann abends leer, doch für die großen Aufgaben, also Texte schreiben oder strukturieren, war komischerweise abends keine Zeit mehr übrig. Ich war im Hustle-Modus. Gearbeitet hatte ich zwar viel, aber geschafft gefühlt nichts. Als ich auf meine Fokuszeit umgestellt habe, hat sich dieses Problem erledigt.

Und hier noch ein Hinweis: Vergiss bitte trotz deines Buchprojektes dich selbst nicht! Viele Autorinnen und Autoren sind so im Schreibfluss, dass sie ihren Sport, ihre Wasserzufuhr oder auch die Zeit an der frischen Luft völlig vernachlässigen. Das mag eine Zeit lang gut gehen, doch irgendwann wird sich dein Körper mit Rückenschmerzen oder anderen Beschwerden melden. Also vergiss bitte trotz deines Buchprojektes dich selbst nicht. Gönne dir Zeit für Ruhe, Auszeiten mit deiner Familie oder auch Tage, an denen du nicht schreibst. Wenn unser Gehirn ständig feuert, geht unsere Kreativität verloren, und die brauchst du dringend für dein Buchprojekt.

Schreibblockade – oh nein!

Trotzdem kommt es vor, dass eine Schreibblockade dich eiskalt erwischt. Es gibt zwei Varianten:

Die Plötzliche

Du setzt dich morgens an den Rechner und willst loslegen. Schaust auf deine Struktur, schaust aus dem Fenster, schaust auf die Tastatur. Nichts passiert. Sämtliche Ideen sind von einem Moment auf den anderen weg. Dein Kopf ist leer. Du schaust auf die leeren Seiten und fühlst nur noch Schwere. Deine Finger fühlen sich an wie Blei. Für einige Momente bleibst du vor dem Bildschirm sitzen, vielleicht tippst du zögerlich auch noch ein oder zwei Wörter, doch dann ist es vorbei: Sendepause.

Die Schleichende

Du bist gut vorangekommen mit deinem Buch, freust dich täglich über den Fortschritt. Da du schon weit gekommen bist, brauchst du nicht mehr jeden Tag zwei Stunden vor dem Rechner zu sitzen. Du machst eine kleine Pause, so zwei oder drei Tage. Danach setzt du dich mit vollem Elan wieder an deine Texte. Heute schaffst du nur eine halbe Stunde, aber das ist okay, denn du hast schon viel geschafft. Morgen kannst du nicht schreiben, da hast du zu viel zu tun. Übermorgen schaffst du noch zehn Minuten, allerdings läuft es nicht mehr so leicht wie anfangs. Du gönnst dir eine längere Pause. Manchmal schreibst du ein paar Zeilen, doch die Pausen zwischen den Zeilen werden immer länger, solange, bis du dich gar nicht mehr an dein Projekt setzt. Du hast die Lust verloren.

Gegenmittel

Egal, welche der Schreibblockaden, Unlust-Phasen, Kreativpausen dich erwischt hat, du kannst ihnen zuvorkommen, indem du von Anfang an Schreibroutinen entwickelst.

Tipp 1 - Termine

Dein Buchprojekt ist ein fixer Termin im Kalender. Wenn du herausgefunden hast, wann und wo du am besten schreiben kannst, dann trage dir diesen Termin in den Kalender ein. Denke daran: Dein Buchprojekt kann dein Business auf das nächste Level heben – aber nur dann, wenn du es fertig schreibst! Schreiben ist also ein Geschäftstermin, genauso wie Akquise, Social-Media-Pflege, Netzwerken oder Angebote schreiben. Der Termin steht im Kalender und wird auch nicht verschoben. Falls irgendjemand dir deine wertvolle Schreibzeit wegnehmen möchte, musst du sie verteidigen! Du schreibst, egal, was kommt (natürlich gibt es Ereignisse, die dazwischenkommen können. Solange diese nicht die Regel, sondern eine Ausnahme sind, ist alles okay).

Tipp 2 - Umgebung

Merkst du, dass dein Schreibfluss stockt, sieh dir bitte deine Umgebung an. Wie sieht dein Schreibtisch aus? Chaotisch oder aufgeräumt? Ich gestehe, ich bin ein Voll-Tischler. Auf meinem Schreibtisch liegen zahlreiche Bücher, Visitenkarten, einige Zettel und Stapel mit Dingen, die zu erledigen sind. Einen komplett leeren Tisch hatte ich noch nie, trotzdem achte ich darauf, dass das Chaos nicht überhandnimmt, und räume abends immer meinen Schreibtisch auf. Die erste Maßnahme bei stockendem Schreibfluss ist es also, deinen Schreibtisch aufzuräumen, um Raum zu schaffen. Der äußere Raum schafft dir wieder inneren Raum für Kreativität.

Bei dieser Gelegenheit prüfe bitte auch unbedingt, wie deine Schreibhaltung ist. Sorge für einen bequemen Stuhl, eine gute Tastatur und möglichst auch einen großen Bildschirm. Auch wenn Laptops praktisch sind - um Bücher zu schreiben, brauche ich meinen 21-Zoll-Bildschirm und meine ergonomische Tastatur. Der Laptop kommt zusätzlich mobil zum Einsatz.

Umgib dich mit inspirierenden Dingen. Das können Bilder und Pflanzen sein oder auch ein Visionboard, auf dem du mit deinem Buch in den Händen zu sehen bist (mit Canva, einem Grafikprogramm, kannst du solche Bilder mit Leichtigkeit erstellen, auch wenn du kein Profi bist - notfalls tun es auch Schere und Kleber).

Eine weitere Variante ist ein Wechsel der Umgebung. Schnappe dir deinen Laptop und gehe in die Natur. Vielleicht hast du einen Garten oder eine Terrasse, wohnst in der Nähe eines Sees oder am Meer. Weite Ausblicke sind besonders gut, um den Kopf wieder freizubekommen. Alternativ suche dir eine ruhige Ecke in einem Café. Mit Noise-Cancelling-Kopfhörern schaffst du dir trotz quirliger Umgebung eine ruhige Atmosphäre zum Schreiben. Ich mag es besonders, mir entspannende Musik anzuhören, auf YouTube gibt es zahlreiche Playlists, von klassischer Musik bis hin zu Musik, die sogar deine Gehirnwellen synchronisiert. Probiere es einmal aus, das war für mich ein absoluter Gamechanger. Insbesondere in den Lockdown-Phasen, in denen sowohl mein Mann als auch meine Kinder im Haus waren und es bei einem von uns immer eine Videokonferenz gab oder jemanden, der etwas drucken musste: Kopfhörer auf, Musik an und weiter geht's.

Hast du die Möglichkeit, dich komplett aus dem Alltag herauszuziehen, um dein Buch zu schreiben, ist das natürlich die Königsdisziplin. Davon träume ich auch: irgendwann einmal vier Wochen Schreiburlaub mit Blick auf das Meer. Vielleicht möchtest du aber lieber auf eine einsame Berghütte oder dich inspiriert die Quirligkeit einer großen Stadt – alles, was deine Kreativität in den Flow bringt, ist wunderbar.

Tipp 3 – für die Zahlen-Daten-Fakten-Typen

Machst du gerne Listen und bist vielleicht ein Zahlenmensch? Dann zerlege dein Buchprojekt in Etappenziele. Dafür erstellst du eine Excel-Liste, in die du deine Schreibzeiten einträgst. Weiterhin legst du fest, wie viele Wörter du in jeder Schreibzeit entspannt schaffen möchtest (das musst du vorher einmal ausprobieren). Nach jeder Schreibzeit trägst du ein, wie viele Wörter du geschafft hast. Du kannst Excel auch automatisch berechnen lassen, wie viele Wörter noch zu deinem Etappenziel oder kompletten Buch fehlen. Diese Methode eignet sich nicht für alle, doch wenn du gerne strukturiert arbeitest, ist sie einen Versuch wert.

Tipp 4– Geheimtipp mit Top-Wirkung

Mein absoluter Geheimtipp, um Schreibblockaden gar nicht erst entstehen zu lassen, folgt nun: ätherische Öle (ich nutze Öle von Young Living, sie sind hochwertig und es gibt Duftmischungen für jeden Geschmack[1]). Zu Anfang eines Projektes wähle ich einen bestimmten Duft aus, der zum Projekt passt. Gerne mag ich die Duftmischungen

1 Hier findest du die hochwertigen Öle: https://www.myyl.com/mirjam-saeger.

„Joy“, „Energy“ oder auch „Stress Away“ (ich denke, die Namen sind Programm). Wenn ich also schreibe, so wie jetzt gerade, läuft der Diffuser. So verbindet mein Gehirn den Duft mit Schreiben. Schreibblockaden entstehen so erst gar nicht. Ich weiß, es klingt etwas verrückt, aber es funktioniert. Probiere es einfach einmal aus.

Tipp 5 - Pause

Bitte vergiss nicht, dir regelmäßig Pausen zu gönnen. Der Grat zwischen Pause machen und dein Projekt vernachlässigen ist allerdings schmal. Merkst du, dass du gar nicht mehr vorankommst, kann eine Pause von einigen Tagen Wunder wirken, wenn du danach wieder mit Freude weiterschreibst. Klappt es auch dann nicht, solltest du noch mal überlegen, warum du dieses Buch überhaupt schreiben möchtest. Ist dieses *Warum* stark genug, wird es dich über Durststrecken hinwegtragen. Stellst du dann dein ganzes Buchprojekt infrage, dann überlege noch einmal: Für wen schreibst du dieses Buch und was soll es dir und diesen Personen bringen? Wie wird es sich anfühlen, das Buch in den Händen zu halten? Wie wird deine Visitenkarte aussehen, wenn du Autorin oder Autor darauf schreiben kannst? Wie viele Menschen werden dir schreiben, weil sie dein Buch gelesen haben und du dadurch ihr Leben verändert hast?

Tipp 6 - Feier dich!

Wenn du im Schreibtunnel bist, kann es sein, dass du alles um dich herum vergisst. Du schreibst, erledigst nebenher noch deine restliche Arbeit, kümmerst dich um deine Kunden und deine Familie und vielleicht auch noch den Haushalt. Abends fällst du todmüde ins Bett und am nächsten Morgen geht es weiter. Halt! Stopp! Vergiss dich bitte an dieser Stelle nicht. Du bist diejenige Person, die fit und gesund bleiben muss, um das Buchprojekt zu stemmen. Du musst an dich denken, bevor du an andere (deine Leserinnen und Leser) denken kannst. Also gönne dir neben Pausen auch immer wieder eine Belohnung. Hast du 10 000 Wörter geschrieben? Prima! Dann mache einen großen Spaziergang, geh ins Kino oder Restaurant. Du hast zwei Wochen lang deine Schreibzeiten eingehalten? Wunderbar. Zeit für eine Flasche Sekt und ein Schaumbad oder eine ausgiebige Sporteinheit. Du hast alle Kapitel mit Inhalten gefüllt? Genial! Gönne dir etwas Besonderes, wie etwa einen Wochenendtrip oder die Smartwatch, die du schon lange wolltest. Alles, was dich entspannt und glücklich sein lässt, kommt deinem Projekt zugute. Vergiss bitte NIE, dich zu feiern. Ein Buch zu schreiben, schaffen nur wenige Menschen - und du bist einer von ihnen! Wenn das kein Grund zum Feiern ist (sorry, muss kurz weg, gehe mich jetzt feiern …)!

Schritt 7

Alternativen auf deinem Weg

Es mag Phasen im Schreibprozess geben, die nicht optimal ablaufen. Kein Grund zur Sorge, wenn du nach einiger Zeit wieder einsteigst und weiterschreibst. Kommst du allerdings gar nicht mehr zurecht, dann möchte ich dir an dieser Stelle Möglichkeiten aufzeigen, wie du dir Hilfe holen kannst, und auch, wie du deine Texte auf andere Art und Weise generieren kannst.

Sprich deine Texte ein

Bemerkst du, dass du nicht gut vorankommst, dass dein Schreibfluss immer wieder stockt und du das Gefühl hast, du verzettelst dich in der Optimierung von Formulierungen, dann probiere einmal aus, deine Texte einzusprechen.

Du benötigst ein Smartphone mit Aufnahmefunktion (bspw. Sprachmemos oder auch Diktiergerät Pro). Sobald du auf Aufnahme drückst, geht es auch schon los und du kannst deinen Gedanken freien Lauf lassen. Mit dieser Audiodatei kannst du nun weiterarbeiten.

Entweder hörst du dir deine Aufnahme noch einmal an und überträgst die wesentlichen Informationen direkt in ein Dokument oder du tippst alles eins zu eins ab, um es als Grundlage für deine Texte zu verwenden. Alternativ kannst du es auch abtippen lassen, das nennt sich dann transkribieren. Hierfür gibt es virtuelle Assistenzen oder Agenturen (z. B. Abtipper.de), die dich dabei unterstützen. Auch automatische Transkriptionsprogramme gibt es mittlerweile, doch aus meiner Sicht (Stand Ende 2021) sind diese noch nicht ausgereift genug, vor allem, wenn du mehr als einen Sprecher in der Aufnahme hast. Probiere es gerne einmal aus.

Den abgetippten Text kannst du jetzt weiterbearbeiten oder sogar von jemand anderem bearbeiten lassen. Ein Ghostwriter oder Texter, evtl. auch ein Lektor unterstützen dich gerne dabei, aus deinen Gedanken einen lesbaren Text zu machen. Vielleicht schaffst du es auch, direkt „druckreif" zu sprechen, dann hast du natürlich kaum noch Aufwand mit einer weiteren Bearbeitung. Probiere es aus und du wirst sehen, ob diese Methode für dich funktioniert.

Es gibt auch Apps, die dein gesprochenes Wort sofort in Text übertragen (App „Diktat"), auch das ist eine Möglichkeit, um eine Grundlage für die weitere Bearbeitung zu schaffen. Achte hier nur darauf, dass du Kommas, Punkte und Absätze in den meisten Fällen noch mitdiktieren musst und auch deutlich und langsam sprechen musst, sonst erhältst du ein völlig unverständliches Textgewirr.

Hast du einen Rechner mit Mikrofon, gibt es auch hierfür Diktierprogramme.

Ich mag die Alternative mit dem Smartphone sehr. Häufig, wenn ich im Auto sitze und mir ein Gedanke kommt, starte ich eine Aufnahme und halte so alles fest, was mir einfällt. Später nutze ich die Aufnahme als Gedankenstütze für meine Texte. Damit du eine Vorstellung davon hast, wie schnell du theoretisch mit dieser Methode die Inhalte für dein Buch erstellen kannst, hier ein Rechenbeispiel:

Durchschnittliche Sprechgeschwindigkeit:	6.000 Wörter/Stunde
Durchschnittliche Wortanzahl/Buchseite:	250 Wörter

Nach acht Stunden hättest du theoretisch schon die Inhalte für etwa 192 Buchseiten eingesprochen (8 x 6000 = 48.000 Wörter / 250 Wörter macht 192 Buchseiten). Aus meiner Erfahrung heraus fallen allerdings auf dem Weg vom gesprochenen Wort zum Text etwa 30-80 Prozent des Gesagten weg (Dopplungen, Füllwörter, komplizierter Satzaufbau). Durchschnittlich rechne ich also mit nur der Hälfte der Wortanzahl, sodass du also etwa 16 Stunden reine Sprache investieren solltest, um auf knapp 200 Seiten zu kommen.

Das klingt zu schön, um wahr zu sein, oder? An dieser Stelle jedoch eine Warnung: In den wenigsten Fällen kannst du das, was du gesprochen hast, eins zu eins als Text übernehmen. Es muss unbedingt noch überarbeitet werden und dieser Prozess kann langwierig sein.

Ich arbeite mit meinen Ghostwriting-Kunden komplett mit dieser Methode. Ich interviewe sie nach einer vorgegebenen Struktur, die ich vorab gemeinsam mit ihnen ausgearbeitet habe, zu ihrem Thema. Diese Interviews lasse ich komplett transkribieren und diese Transkripte dienen mir als Grundlage für mein Ghostwriting. So habe ich sämtlichen Input, den ich benötige (evtl. recherchiere ich an der einen oder anderen Stelle dazu) und kann auch die Sprachmuster meiner Autorinnen und Autoren übernehmen. Denn Bücher von einem Ghostwriter sollen möglichst nach den Autorinnen und Autoren klingen und nicht nach dem Ghostwriter. Der Prozess, die Interview-Transkripte in einen zielgruppengerecht geschriebenen Text zu verwandeln, der einer Leserreise folgt und die Ziele des Autors/der Autorin und die der Leser berücksichtigt, dauert einige Zeit. Für ein Buchprojekt kalkuliere ich insgesamt, je nach Umfang, zwischen 250 und 500 Stunden.

Coaching

Du hast keine Lust, tage- und wochenlang alleine mit deinem Buchprojekt zu verbringen? Nur du und dein Text? Du möchtest dich mit Gleichgesinnten austauschen und wünscht dir professionelle Begleitung, wenn es stockt? Dann ist vielleicht ein Coaching etwas für dich.

Es gibt vielerlei Coaching-Angebote, die dich auf deinem Weg zum Buch begleiten können. Hier als Inspiration einige Programme, die ich anbiete. Es gibt zahlreiche Autorencoaches, die unterschiedlichste Hilfestellungen bieten. Für jeden Geldbeutel und jeden Unterstützungsgrad ist jemand dabei. Traue dich, die Hilfe eines Schreibprofis in Anspruch zu nehmen, wenn du nicht mehr weiterkommst - oder, noch besser, gleich von Anfang an, um es gar nicht so weit kommen zu lassen.

Gruppencoaching

Du möchtest in einer Runde Gleichgesinnter dein Buchprojekt schreiben? Du wünschst dir den Austausch mit anderen Autorinnen und Autoren? Dann ist ein Gruppencoaching die erste Wahl. Es gibt unterschiedlichste Modelle - vom gemeinsamen Kick-Off-Wochenende mit anschließender Online-Begleitung, kompletter Online-Begleitung oder auch regelmäßigen Treffen in bestimmten Abständen findest du genau das passende Programm für dich.

Auf meiner Buchreise beispielsweise starte ich gemeinsam mit meinen Autorinnen und Autoren entspannt an einem Wochenende in inspirierender Umgebung in den Schreibprozess. Neben reichlich Input gibt es hier Zeit zur Reflexion, zum Schreiben und auch, um zu entdecken, welches Buch mit welchen Inhalten überhaupt zu den Autoren passt. Nach diesem Wochenende begleite ich die angehenden Wortakrobaten noch für einige Monate im Schreibprozess.

Individuelles Coaching

Im individuellen Buchcoaching dreht sich alles nur um dich und dein Buch. Im eins-zu-eins-Format arbeiten wir gemeinsam an der Definition deiner Zielgruppe, deinen Themen und auch deinen Buch-Zielen. In regelmäßigen Abständen sprechen wir über die Fortschritte und Fallstricke in deinem Projekt und du erhältst Feedback zu deinen Texten.

Du siehst, es gibt umfangreiche Möglichkeiten, dein Buch nicht alleine im stillen Kämmerlein schreiben zu müssen. Wenn du mehr über meine Coaching-Programme erfahren möchtest, dann schreib mir gerne unter: **kontakt@mirjam-saeger.de**

Onlinekurse

Zahlreiche Online-Kursanbieter unterstützen dich mit Input zu deinem Buch. Dabei geht es meist um die Rahmenbedingungen wie Struktur und Zielgruppe, aber auch konkret um die Schreibphasen. Manche Kurse konzentrieren sich ausschließlich auf den Text und wie du es schaffen kannst, so zu schreiben, dass deine Zielgruppe sich angesprochen fühlt. Reine Onlinekurse bearbeitest du überwiegend alleine. Es gibt allerdings mittlerweile auch Hybrid-Modelle, in denen individuelle Termine mit Gruppencalls und Videos kombiniert werden.

Du siehst also, es gibt zahlreiche Möglichkeiten, dir Unterstützung zu holen.

Ghostwriting

Du hast partout keine Zeit, selbst zu schreiben? Dann wird ein Ghostwriter wie von Zauberhand dein Buch für dich planen, schreiben und gegebenenfalls sogar fertigstellen. Zuverlässige Ghostwriter sind allerdings nicht einfach zu finden. Zwar kannst du den Begriff einfach im Internet recherchieren, doch größtenteils bekommst du als Ergebnis Ghostwriter für akademische Arbeiten angezeigt. Dazu schreibe ich lieber nichts …

Der beste Weg zum Ghostwriter ist aus meiner Sicht die Kontaktaufnahme über Businessportale oder Social-Media, wie beispielsweise LinkedIn, XING oder alternativ auch Facebook und Instagram.

LinkedIn ist ein internationales soziales Netzwerk mit Business-Schwerpunkt und aus meiner Sicht perfekt geeignet für die Suche nach Dienstleistern jeglicher Art. Solltest du als Expertin oder Experte noch kein LinkedIn-Profil haben, dann empfehle ich dir unbedingt, dich dort anzumelden. Die Basis-Mitgliedschaft ist kostenfrei und bereits in deinem Basis-Profil kannst du eine Menge Informationen für deine Kunden oder zukünftige Interessenten hinterlegen. Postest du dann in regelmäßigen Abständen auch noch für deine Zielgruppe relevante Informationen, kann LinkedIn ein absoluter Business-Turbo für dich sein. Wenn du mehr über LinkedIn erfahren möchtest, empfehle ich dir, Dr. Natalia Wiechowski zu folgen, sie ist das „LinkedIn-Einhorn", schreibt regelmäßig inspirierende Posts und beherrscht Social-Selling (also den Verkauf, ohne zu verkaufen) in Perfektion.

Hast du dich bei LinkedIn angemeldet, kannst du über die Suchfunktion nach deinem perfekten Ghostwriter suchen. Du bekommst zahlreiche Profile angezeigt und suchst dir die Person aus, die die Voraussetzungen mitbringst, die du benötigst.

Auf folgende Dinge solltest du achten:

Arbeitsweise

Auch wenn viele Ghostwriter, so wie ich auch, mittlerweile online arbeiten, empfehle ich dir für ein komplettes Buchprojekt immer ein Interview von Angesicht zu Angesicht. Es gibt eine andere Energie, wenn man sich gegenübersitzt. Ich brauche für ein gutes Interview nicht nur das Gesicht meines Gegenübers, sondern auch die Körpersprache und die Sprachmelodie. Daraus kann ich eine Menge lesen und diese Informationen gehen leider online größtenteils verloren.

Mache dir vorab Gedanken, wie du arbeiten möchtest. Möchtest du komplett interviewt werden? Stellst du deinem Ghostwriter Podcasts, Videos oder Online-Kurse zur Verfügung? Brauchst du Unterstützung bei der Struktur oder gibst du alles vor? Benötigst du Marketing Know-how? Hast du schon Texte, die weiterverarbeitet werden sollen?

Bist du dir noch unsicher, dann sprich mit dem Ghostwriter deines Vertrauens und lasse dich beraten, wie die beste Vorgehensweise aussieht. Gute Ghostwriter, die dein wertvolles Wissen und deine inspirierenden Geschichten in Worte verpacken können, sind viel mehr als nur „Texter". Sie verfügen über umfassendes Wissen rund um dein Buchprojekt und beraten dich gerne.

Thematische Schwerpunkte

Du möchtest ein Buch über Yoga schreiben? Oder über Money-Mindset und Manifestieren? Oder ein knallhartes Business-Buch für mittelständische Kunden?

Dann schau genau hin, welche Vorkenntnisse oder Affinität dein Ghostwriter zu diesem Thema mitbringt. Jemand, der noch nie in seinem Leben Yoga gemacht hat, wird dir unter Umständen nicht folgen können. Menschen, die nichts mit Spiritualität am Hut haben, werden dich verständnislos ansehen, wenn du vom Gesetz der Anziehung sprichst, und jemand, der Literatur studiert hat, kennt sich vielleicht innerhalb der Logistikkette eines Unternehmens nicht so gut aus.

Dein Ghostwriter muss kein Experte auf dem Gebiet sein, über das du schreiben möchtest. Im Gegenteil kann es sogar hinderlich sein, wenn sich der Ghostwriter zu gut auskennt, denn dann wird er eventuell im Interview an der Oberfläche bleiben, weil er die Details schon selbst weiß. Optimalerweise findest du jemanden, der eine Affinität zum Thema hat, vielleicht sogar schon Berufserfahrung in diesem Bereich und absolut neugierig ist, Neues zu erfahren.

Profile

Sieh dir genau an, ob die Person, die du kontaktieren möchtest, eine vernünftige Social-Media-Präsenz hat. Nutze dafür LinkedIn, XING, Facebook und Co. Welche Informationen gibt die Person von sich preis? Ist sie überhaupt auffindbar und wie ansprechend sind die Informationen gestaltet? Gibt es Fotos, Videos oder Texte, die du dir ansehen kannst? Findest du gar nichts, würde mich das skeptisch machen. Zumindest das Profil sollte ordentlich gepflegt sein und eine Webseite sollte es auch geben. Wobei, eine kleine Einschränkung: Viele Ghostwriter, die wunderbare Arbeit abliefern, sind nicht unbedingt „Rampensäue" und wirken eher im Hintergrund, schließlich ist das als Ghostwriter auch ihr Job. Wenn du daher von jemandem überzeugt bist, findest aber keine Fotos ihres Mittagessens oder Videos zahlreicher Talkshow-Auftritte im Netz, dann gib dieser Person in einem persönlichen Gespräch eine Chance.

Sympathie

Und hier mein wichtigster Hinweis: Vertraue deinem Bauchgefühl. Du arbeitest intensiv mit einem Ghostwriter zusammen und deshalb ist Sympathie enorm wichtig. Merkst du schon im Erstgespräch, dass es nicht passt, dann suche dir jemand anderen. Auch ein Ghostwriter wird darauf achten, ob er sich thematisch mit deinem Projekt und auch mit dir persönlich identifizieren kann.

Und hier noch eine Warnung. Es gibt zahlreiche Portale, auf denen du billig Texte einkaufen kannst. Je nach Projekt, das du planst, kann das durchaus eine Alternative sein (etwa ein kurzer Blogbeitrag). Doch für dein individuelles Buch, das dein Marketing und deine Expertise auf das nächste Level heben soll, solltest du mit jemandem zusammenarbeiten, der nicht irgendeinen Text zusammenschustert, sondern mit jemandem, der dich ganzheitlich begleitet und dein Projekt mit viel Herzblut umsetzt. Und nein, das ist nicht günstig. Deine Investition für ein umfangreiches Buchprojekt, mit einem Ghostwriter umgesetzt, liegt im fünfstelligen Bereich.

Viele Texter verkaufen ihre Texte immer noch nach Cent pro Wort (hauptsächlich auf den besagten Plattformen). Doch ein gut geschriebener, knackiger Text, der deine Inhalte optimal formuliert auf den Punkt bringt, der enthält keine überflüssigen Füllwörter, langatmigen Erklärungen oder im schlimmsten Fall lauter Wiederholungen. Eine Abrechnung in Cent pro Wort ergibt daher für ein Ghostwriting überhaupt keinen Sinn. Auch ein Stundensatz sagt aus meiner Sicht nicht viel aus. Wie sollst du bewerten, wie schnell oder langsam ein Ghostwriter für dich arbeitet? Ich empfehle dir, dir einen Projektpreis anbieten zu lassen. Damit haben beide Parteien Planungssicherheit und es ist aus meiner Sicht die fairste Abrechnungsweise.

Probetexte

Lass dir Referenzen, Probetexte oder auch Bücher nennen, die der Ghostwriter, mit dem du zusammenarbeiten möchtest, bereits begleitet hat. Doch nimm dem Ghostwriter bitte nicht übel, wenn er Diskretion wahrt und dir eventuell nur wenige oder gar keine Beispiele nennen kann. Als Ghostwriter ist Diskretion unser zweiter Vorname. Mit einem Großteil meiner Kunden habe ich vereinbart, dass mein Name in keiner Weise im gemeinsamen Buchprojekt genannt wird bzw. ich in Erscheinung trete. Ich übertrage sämtliche Nutzungsrechte komplett an meine Auftraggeber und kann deshalb auch nur einige wenige Projekte benennen, die als Referenz dienen.

Probetexte versende ich auf Anfrage, aber auch hier: Überlege dir, welche Informationen du brauchst, um das Vertrauen in deinen Ghostwriter zu haben, dass er DEIN Buchprojekt optimal umsetzt. Texte, die für jemand anderen geschrieben wurden, sind nur begrenzt aussagekräftig. Ich empfehle, dass du stattdessen eher nach Referenzen suchst. Portale dafür sind ProvenExpert, Trustpilot oder auch Google Business.

Leistungsumfang

Lass dir genau erklären (und am besten im Angebot bestätigen) welche Leistungen dein Ghostwriter für dich übernimmt. Manche Ghostwriter erstellen nur den Text, manche unterstützen dich auch noch bei der Verlagssuche, schreiben ein Exposé für dich oder unterstützen dich im Marketing. Wichtig ist insbesondere, die Anzahl der Korrekturschleifen genau festzulegen. Kein Manuskriptentwurf passt von Anfang an zu 100 Prozent. Normalerweise bekommst du einen ersten Entwurf, den du dann lesen sollst und dem Ghostwriter deine Anmerkungen dazu zukommen lässt. Danach erhältst du weitere Entwürfe. Wie viele

Korrekturwünsche du durchgeben kannst und in welchem Umfang, solltest du unbedingt genau klären.

Unterstützt dein Ghostwriter dich dabei, deinen Titel festzulegen (und evtl. sogar schützen zu lassen), den Klappentext zu schreiben, dein Autorenprofil zu erstellen und stellt sogar Kontakt zu weiteren Dienstleistern (Grafiker, Buchsatz, Druckereien, Self-Publishing-Dienstleistern) her? Nutze die Expertise deines Ghostwriters bei Bedarf.

Und hier noch ein Irrglaube: Ghostwriter sind zwar meist fit in der Rechtschreibung, aber ich beispielsweise lasse alle meine Texte noch mal separat korrigieren. Irgendwann bin ich blind für die Fehler in meinen Texten und deshalb ist ein separater Korrektor aus meiner Sicht Gold wert. Ist diese Leistung enthalten oder nicht? Oder brauchst du sie evtl. gar nicht, weil du über einen Verlag veröffentlichen möchtest?

Zahlweise

Ein leidiges Thema, das keines sein muss. Schon häufig sind Kunden auf mich zugekommen und haben mir erzählt, dass sie dem Ghostwriter die komplette (meist fünfstellige) Auftragssumme überwiesen haben und jetzt seit Monaten nichts mehr von ihm hören. Oder sie haben einen Textentwurf erhalten, mit dem sie absolut nichts anfangen können, aber bereits alles bezahlt.

Natürlich arbeitet jeder Ghostwriter anders und da die meisten von uns nur eine begrenzte Kapazität haben (schließlich kann ich jede Taste lediglich einmal gleichzeitig drücken), benötigen wir eine gewisse Planungssicherheit. Viele Ghostwriter nehmen nur ein oder zwei Projekte pro Jahr an und wenn dann die Zahlungen nicht fließen, kann es schon einmal unangenehm werden.

Eine Empfehlung kann ich hier nur bedingt aussprechen, doch ich möchte dir mitgeben, wie ich an dieser Stelle agiere:

Bei Beauftragung wird eine Anzahlung, mehrheitlich in Höhe von 10-25 Prozent des Gesamtauftragswertes fällig. Nach dem ersten Textentwurf berechne ich die Hälfte des Restbetrages und nach Fertigstellung des Projektes die andere Hälfte. Bisher habe ich damit gute Erfahrungen gemacht. Es gibt mir etwas Planungssicherheit und meinen Kunden die Möglichkeit, an wichtigen Stellen im Projekt notfalls auszusteigen, sollten sie mit meiner Arbeit nicht zufrieden sein. Glücklicherweise ist das aber noch nie passiert. Allerdings solltest du mit deinem Ghostwriter vereinbaren, was passiert, wenn sich während des Projektes herausstellt, dass die Zusammenarbeit nicht funktioniert. Musst du dann trotzdem die volle Summe bezahlen? Gibt es einen Abschlag?

Bitte bedenke: Der Ghostwriter geht ebenfalls ein Risiko ein, wenn er nicht die volle Summe vorab berechnet. Er reserviert dir die Bearbeitungszeit und hat im Fall der Fälle einen enormen finanziellen Ausfall. Es ist also legitim, wenn Teilsummen je nach Projektfortschritt berechnet werden. Mein Tipp: Fair bleiben, auf beiden Seiten, dann klappt es auch mit dem Projekt.

Auch für einen Autorencoach gelten die obigen Hinweise. Hier solltest du auch auf den Leistungsumfang achten und besonders auf die Sympathie. Was ist alles im Coaching enthalten? Gibt es eine Probezeit? Was passiert, wenn dein Coach ausfällt? Gibt es einen Coaching-Vertrag, in dem die Leistungen festgehalten werden? Arbeitest du eins zu eins oder in einer Gruppe? Bekommst du Feedback zu deinen Texten oder sogar ein Lektorat? Wenn du zu einem dieser Punkte noch Fragen hast, kontaktiere mich gerne unter: **kontakt@mirjam-saeger.de**

Schritt 8

Schreibtipps

Irgendwann ist es so weit: Du weißt, wer deine Zielgruppe ist, hast deine Struktur glasklar definiert, deinen Arbeitsplatz aufgeräumt und beduftet. Jetzt geht es los! Du bist schon aufgeregt! Endlich füllst du dein Buch mit Leben!

Das Schreiben an sich kann ich dir leider nicht in diesem Buch beibringen. Doch ich denke, da du dich entschieden hast, dein Buch selbst zu schreiben (oder an dieser Stelle schon nach einem Ghostwriter suchst), hast du Freude am Schreiben. Deshalb hier meine Schreibtipps für bessere Texte:

Kurz und knackig

Kennst du die legendäre Rede vom Edmund Stoiber (früherer bayerischer Ministerpräsident) zum Transrapid? Nein? Die Rede findest du auf YouTube und es lohnt sich, einmal hineinzuhören. Genauso geht es nämlich nicht. Natürlich ist das gesprochene Wort nicht mit dem Geschriebenen zu vergleichen, doch die Rede ist ein schönes Beispiel, wie man sich in endlosen Satzkonstrukten verheddern kann, ohne überhaupt etwas zu sagen.

Achte daher auf kurze Sätze. Schreib so kurze Sätze, dass deine Leser gar nicht anders können, als gedanklich bei dir und deinem Text zu bleiben. Überlege gut, ob du ein Komma, *und* oder *oder* im Satz brauchst. Vielleicht kannst du stattdessen einen Punkt setzen? Bist du unsicher, lies den Satz einmal laut vor. Kommst du ins Stocken, solltest du ihn auf jeden Fall umformulieren oder einen Punkt setzen. Das erleichtert den Lesefluss und dein Text wirkt klar und aufgeräumt.

Schreibe bildhaft

Nimm deine Leser mit in deine Welt. Beschreibe Situationen nicht nur, sondern lass die Leser eintauchen. Berühre alle ihre Sinne. Lass sie mitfühlen, mithören, mitsehen, wie die Situation sich dargestellt hat. Erschaffe Bilder im Kopf deiner Leser. Beschreibe nicht nur, sondern zeige, was du gesehen hast.

Anstatt: Das Zimmer enthielt einen grünen Ohrensessel, eine Stehlampe und auf dem Tisch war ein gesticktes Deckchen.

Lieber: Das Zimmer sah aus, als ob seine Großmutter gerade vom Stricken aufgestanden wäre.

Diese Technik heißt „Show, don´t tell" und ist eine der wirkungsvollsten Methoden, um deine Leser in den Text hineinzuziehen, und obwohl du keinen Roman schreiben willst, solltest du sie ausprobieren, sooft du kannst.

Adverbien

Er lief schnell. Er atmete heftig. Sie ging langsam.

Langweilig, oder? Vermeide Adverbien und suche treffendere Wörter.

Er rannte. Er schnaufte. Sie trödelte.

Adjektive nutzen und streichen

Bei Adjektiven scheiden sich die Geister. Ich persönlich finde, sie machen einen Text lebendiger, doch es gibt auch viele „Gegner", die sagen, Adjektive sind in vielen Fällen unnötig.

Und ich denke, genau darauf kommt es an. Ist das Adjektiv nötig oder nicht? Kannst du es streichen, ohne den Text zu verfälschen? Ist es notwendig, um etwas näher zu erklären? Findest du ein passenderes Wort ohne Adjektiv?

Hier einige Beispiele:

Die große Tür. à Dafür gibt es andere Wörter, z. B. das Tor, das Portal.

Hier könntest du das Nomen samt Adjektiv ersetzen.

Der heiße Tee. à Ist es für die Geschichte relevant, dass der Tee heiß ist? Falls Ja, lass das Wort stehen, falls Nein, streiche großzügig.

Das umfassende Angebot. à Macht es einen Unterschied für deine Leser, ob das Angebot umfassend ist oder nicht? Was sagt „umfassend" aus? Dieses Adjektiv ist unspezifisch, also lasse es weg oder ersetze es durch eine kräftigere Beschreibung (das Angebot, das zwanzig Seiten umfasst).

Aktiv schreiben

Schreibe aktiv, sooft du kannst.

Also nicht: Das Buch wird geschrieben. Das Formular wird ausgefüllt (Passiv).

Sondern: Er schreibt das Buch. Ich fülle das Formular aus (Aktiv).

Achte darauf, dass die Personen oder Subjekte in deinem Buch etwas aktiv tun und ihnen nichts angetan wird.

Nutze Wortvielfalt

Verwende Synonyme. Statt Buch könntest du schreiben:

Das Manuskript, das Werk, die Publikation, das Kunstwerk, das Druckwerk, die Meisterleistung, der Bestseller ...

Eine gute Quelle für Synonyme ist folgende Webseite: **https://synonyme.woxikon.de/**

oder die Google-Suchfunktion.

Vermeide Schwächlinge

Streiche Wörter, die dir eine Ausflucht lassen. Schreibe präzise, dann merken deine Leser, dass du es ernst meinst. Klassische „Schwächlinge" sind folgende Wörter:

sehr, ziemlich, eher, etwas, eigentlich, irgendwie, ganz, viel, überaus, immens, relativ, in gewissem Sinne, reichlich, voll und ganz, mehr oder weniger, wesentlich, irgendwo, irgendwer, äußerst, etliche, zahlreiche, zahllose, jede Menge, in Hülle und Fülle, mehrere, ungezählte, einiges, ein bisschen...

Gendern - ja, nein, vielleicht?

Über dieses Thema lässt sich trefflich streiten. Als (m/w/d) musst du entscheiden, was dir wichtig ist: Ansprache, Lesbarkeit oder beides. Willst du korrekt gendern, kostet dich das Zeit und Hirnschmalz[2]. Mache dir bewusst, dass ein korrekt gegenderter Text eventuell etwas schwerer zu lesen ist, denn Schreibweisen mit Sternchen (*) oder Doppelpunkte (:) stören den Lesefluss.

Ich erinnere mich noch an eines meiner ersten Ghostwriting-

---

2 Eine gute Webseite, die dich dabei unterstützt, gendergerechte Wörter zu finden ist: **https://geschicktgendern.de/**

Buchprojekte. Die Vorgabe seitens der Autorin war es, das Buch komplett zu gendern. Gesagt, getan. Ich schlug viele Wörter im Genderwörterbuch nach und benutzte sie, fand sie allerdings sehr „sperrig" und schwer lesbar. Der Text verlor durch die Wörter an Leichtigkeit (z.B. laut Wörterbuch statt Diplomingenieurà diplomierte technische Fachkraft) sodass die Autorin sich schließlich entschied, mit Doppelpunkten (:) zu arbeiten, was die Lesbarkeit noch mehr erschwerte.

Wenn du bei diesem Thema unsicher bist, überlege, ob deine Zielgruppe gender-sensitiv ist oder nicht. Schreibst du ein Buch, dass sich an Frauen richtet, dann sprich sie direkt an und auch dann, wenn dir gendern schlicht und einfach egal ist, solltest du dich trotzdem bewusst damit auseinandersetzen, warum du welche Entscheidung triffst. Sprache entwickelt sich und ist mächtig und ich finde, wir sollten im Rahmen unserer Möglichkeiten auf Neuerungen eingehen. Das zeigt, dass du nicht in alten Strukturen verhaftet bist, sondern dir Gedanken machst, für wen und wie du schreibst. Vieles lässt sich leicht austauschen und klingt gut, also warum nicht nutzen?

Achtung – Zitatrecht

Traue keinem Zitat, dass du nicht selbst gehört hast.
Unbekannt

Spaß beiseite. Zitate solltest du mit Vorsicht genießen, nicht nur deshalb, weil es leider im Internet viele falsch zugeordnete Zitate gibt, sondern auch, weil es ein Zitatrecht (Paragraf 51 des Urheberrechtsgesetzes) gibt. Das Zitatrecht ist recht umfangreich. Es unterscheidet zwischen Großzitaten (ganzen Textpassagen),

Kleinzitaten (Textfragmenten) oder auch Musik- und sogar Bildzitaten, die unterschiedlich eingesetzt werden dürfen. Zitate dürfen nicht einfach für sich stehen, sondern müssen einen Zweck erfüllen und sie müssen gekennzeichnet und nachprüfbar sein.

Frei verwenden darfst du ein Zitat dann, wenn der Urheber bereits seit 70 Jahren verstorben ist.

Vielleicht bist du nun überrascht, da du vermutlich schon häufig Zitate von Personen, die noch nicht verstorben sind, zu Werbezwecken auf Webseiten oder auch in Social-Media-Posts oder sogar Büchern gesehen hast. Tatsächlich kannst du den Zitatgeber ansprechen und dir die Verwendung des Zitates genehmigen lassen. Häufig ist das problemlos möglich, vielleicht zahlst du eine kleine Gebühr und bist damit auf der sicheren Seite. Doch Fakt ist, dass vielen der Zitatverwender das Urheberrecht gar nicht bewusst ist, und nicht selten erhalten sie Klagen.

Möchtest du dein Buch also auf „sichere Weise" mit schlauen Sprüchen anderer Menschen ausschmücken, empfehle ich dir, ausschließlich auf Zitate zurückzugreifen, bei denen das Urheberrecht definitiv erloschen ist. Seneca, Platon oder auch Diogenes sind unkritisch. Ansonsten solltest du akribisch prüfen, wer eventuell noch Rechte an einer Textpassage oder einem Spruch besitzt - optimalerweise nimmst du dazu die Unterstützung eines Fachanwaltes für Medienrecht in Anspruch.

Achte bitte auch darauf, dass du nicht einfach irgendwelche Bilder aus dem Internet kopierst und in dein Buch einfügst. Alles das, was eine andere Person erschaffen hat, unterliegt dem Urheberrecht - egal, ob Text, Bild oder Musik.

Deine Widmung & über den Autor

Wer hat dich zu deinem Buch inspiriert? Wer dabei unterstützt, es zu schreiben? Welche besondere Person in deinem Leben hat es verdient, dass du ihr dein Buch widmest?

Eine Widmung ist kein Muss. Viele Bücher kommen hervorragend ohne Widmung aus. Doch ich finde, Widmungen sagen etwas über den Autor oder die Autorin aus. Sie lassen mich einen Blick auf das werfen, was für den Autor oder die Autorin besonders wichtig ist.

Ich habe lange überlegt, ob ich dieses Buch jemandem widmen soll. Seit ich mich selbstständig gemacht habe, gibt es so viele wundervolle Menschen in meinem Leben: Mentoren, Kunden, Wegbegleiter. Allen diesen Menschen hätte ich mein Buch widmen können.

Doch dann bin ich in mich gegangen und habe das Buch spontan meinen Kindern gewidmet. Sie sind diejenigen, die mir täglich einen neuen Blick auf das Leben geben, die mich zu der Person gemacht haben, die ich heute bin. Und ich möchte, dass sie erkennen, dass das Leben immer für sie ist, egal wie schräg die Umstände sind. Daher widme ich die vielen Stunden Arbeit an diesem Buch ihnen.

Und an dieser Stelle geht noch eine Extra-Widmung an meinen Mann, der schon seit fast 28 Jahren an meiner Seite ist. Danke, dass du bei mir bist.

Strukturiere deine Kapitel

Back to Business: Nutze die Überschriftenfunktionen in Word oder den gängigen Schreibprogrammen, um dein Buch zu strukturieren. Günstig ist es außerdem, wenn du innerhalb eines Kapitels immer eine ähnliche Struktur nutzt, also beispielsweise:

Einleitung - Story - Erläuterung - Learnings - Fazit

So finden deine Leser sich schnell im Text zurecht. Vergiss bitte nicht, Absätze zu machen. Das erleichtert den Lesefluss enorm. Immer dann, wenn ein neuer Gedanke beginnt, kannst du einen Absatz machen. Denke daran, das Auge liest mit! Hast du Seiten komplett ohne Absätze und darauffolgend Seiten mit Absätzen, die nur zwei Zeilen beinhalten, sieht das komisch aus. Strukturiere deine Texte nicht nur inhaltlich, sondern auch optisch.

Ich lese gerne abends im Bett noch einige Seiten. Bücher ohne Absätze finde ich dabei schwierig. Wo soll ich aufhören, wenn ich müde werde? Woher weiß ich, wo ich stehen geblieben bin? Habe ich einen Absatz oder sogar noch eine Zwischenüberschrift im Kapitel, kann ich mich auch am nächsten Tag noch orientieren. Mache es deinen Lesern so einfach wie möglich.

Nutzt du Word oder ein anderes gängiges Schreibprogramm und hast die Überschriftenfunktionen konsequent genutzt, ist es ein Leichtes, dein Inhaltsverzeichnis daraus zu erstellen. Zwei Klicks und du bist fertig und bietest damit deinen Lesern einen optimalen Überblick über dein Buch.

Bitte achte auf „sprechende" Überschriften. Vor kurzem habe ich ein Buch gesehen, das als Überschriften nur „Kapitel 1, Kapitel 2, Kapitel 3" verwendete. In einem Roman mag das noch sinnvoll sein, doch in einem Sachbuch solltest du deinen Lesern verraten, worum es in den Kapiteln geht. Vielleicht möchten sie nicht in deiner vorgegebenen Kapitelreihenfolge lesen oder ab und zu besonders wichtige Themen nachschlagen? Mit „sprechenden" Überschriften erleichterst du ihnen die Orientierung und Auffindbarkeit von Informationen innerhalb deines Buches.

Die Stimmung

Neben diesen eher organisatorischen Hinweisen denke unbedingt auch an die Stimmung, in der du schreiben möchtest.

Soll es ein „Tschakka-Tschakka"-Buch werden? Dann schreibe provokant und ermutigend und nutze starke Wörter und Sätze.

Soll es ein sanftes, unterstützendes Buch sein? Dann nutze Emotionen und Geschichten.

Soll es eher sachlich sein? Dann nutze Fachbegriffe und halte deine Geschichten kurz.

Denke an deine Leser und deren Ziele. In welcher Stimmung möchtest du sie nach dem Buch zurücklassen? Ermutigt? Hoffnungsvoll? Amüsiert oder informiert?

Lesen

Liest du selbst gerne Bücher? Falls nicht, solltest du spätestens dann damit anfangen, wenn du selbst eines schreiben möchtest. Es wird dich inspirieren, zu lesen, wie andere Autoren schreiben. Manches wirst du übernehmen, manches eher ablehnen. Hole dir Inspiration bei Menschen, die schon über dein Thema geschrieben haben. Lies die Bücher durch, finde heraus, was ihnen fehlt und schreibe sie besser. Tschakka!

Schritt 9

Das Finale

Bist du von deinem Text überzeugt? Wunderbar. Oder hast du Zweifel, ob an der einen oder anderen Stelle vielleicht doch nicht alles optimal formuliert wurde?

Egal, ob du deinen Text genial findest oder nicht hier, kommt aus meiner Sicht ein absolutes MUST-HAVE für jedes Buch: Andere Menschen, die es vor der Veröffentlichung lesen und dir dabei helfen, deinen Text besser zu machen (als er sowieso schon ist).

Es gibt unterschiedliche Varianten, wie du deinen Text schleifen (lassen) kannst – für jeden Geldbeutel und Zeitbedarf.

Zuerst einmal empfehle ich dir, deinen Text ruhen zu lassen. Sobald du alles fertig geschrieben hast, legst du deinen Text weg und lässt das Dokument in Ruhe. Komplett. Mindestens zwei Wochen lang beschäftigst du dich nicht mit deinem Manuskript. Du hast nun viele Stunden, Wochen und Monate investiert, um deine Texte zu schleifen und zu optimieren. So weit, so gut. Doch irgendwann wirst du blind für deinen Text. Du siehst nicht mehr, ob alles logisch aufgebaut ist und welche Sätze sich vielleicht noch nicht perfekt anhören. Deshalb brauchst du Abstand zu deinem Text.

Nach mindestens zwei Wochen holst du dein Manuskript wieder aus der (virtuellen) Schublade und fängst an, es laut vorzulesen. Dabei wirst du schon bemerken, dass einige Sätze nicht optimal formuliert wurden oder Übergänge noch nicht flüssig klingen. Korrigiere diese Dinge sofort im Text. Diese Übung machst du mindestens einmal, ich empfehle allerdings zweimal, am besten mit etwas Abstand.

Und dann ist er gekommen: der Moment des ersten Lesers, der Zeitpunkt, an dem du dein Baby jemand anderem zu lesen gibst. Häufig passieren jetzt seltsame Dinge. Der Rechner stürzt ab. Der Drucker streikt. Das Dokument ist nicht mehr auffindbar. Vielleicht lachst du jetzt, doch all das habe ich selbst und auch bei meinen Autorinnen und Autoren schon erlebt. Du wirst getestet: Meinst du es wirklich ernst? Willst du dieses Buch tatsächlich unter die Leute bringen? Halte an dieser Stelle durch: Du hast nun schon so viel Zeit und Herzblut investiert, da wird ein streikender Drucker dich doch nicht von deinem Traum vom eigenen Buch abhalten können, oder?

Nun gibt es zwei Möglichkeiten, die ich dir gerne erläutern möchte:

Lektorat

Eine Lektorin oder ein Lektor machen deinen Text besser. Das sind professionelle Wortakrobaten, die zum einen prüfen, ob deine Sätze und Absätze zielgruppengerecht geschrieben und gut lesbar sind, und zum anderen im Auge haben, ob dein Text logisch aufgebaut ist. Sie finden eventuelle Logikfehler, überprüfen Quellenangaben und achten darauf, ob alles verständlich ist. Ein guter Lektor wird dabei kein Blatt vor den Mund nehmen und alles anmerken, was noch nicht optimal formuliert wurde.

Dieser Prozess kann anstrengend sein. Schließlich hast du dir Mühe gegeben und schon alles zweimal geprüft und jetzt kommt irgendwer daher und meckert herum! Unverschämt!

Doch bitte spare dir nicht diesen Prozess. Dein Text wird dadurch besser, verständlicher und an manchen Stellen knapper (weil Überflüssiges entfällt), dafür an anderen Stellen ausführlicher (weil du nicht optimal beschrieben hast).

Lektoren findest du in Social-Media-Gruppen oder über eine Google-Suche. Alternativ frage jemanden, der schon ein Buch geschrieben hat, mit wem er erfolgreich zusammengearbeitet hat. Lektoren haben unterschiedlichste Fachgebiete. Manche haben sich auf Romane spezialisiert, andere betreuen Sach- oder Fachbücher. Gib dein Thema bei der Suche unbedingt an und dann lasse dir ein Probelektorat anfertigen. Die meisten Lektorinnen und Lektoren bieten diese Leistung kostenfrei an, doch auch eine Berechnung ist völlig in Ordnung, schließlich stecken diese Personen Arbeit in dein Projekt. Durch das Probelektorat erkennst du, ob du mit dem Stil des Lektorats und den Anmerkungen etwas anfangen kannst.

Es gibt Lektorinnen und Lektoren, die eher „nett" sind und sanft lektorieren, es gibt allerdings auch andere Kaliber (ich zähle mich dazu), die „streng" sind und alles monieren, was aus ihrer Sicht im Text nicht optimal ist. Manche korrigieren Kleinigkeiten direkt im Text, andere hinterlassen nur Anmerkungen, die du selbst umsetzen kannst oder auch nicht.

Selbst dann, wenn die Anmerkungen deines Lektors größtenteils sinnvoll sind, obliegt es dir, diese umzusetzen oder nicht. Es ist dein

Text. Die Preise für Lektoren gehen stark auseinander, je nachdem, welche Leistungen erbracht werden, wie dringend das Lektorat ist und wie erfahren diese sind. Zwischen fünf und dreißig Euro pro Normseite (eine Normseite sind 1500 Zeichen inkl. Leerzeichen) habe ich schon alles gesehen.

Hast du einen Verlagsvertrag ergattert, stellt der Verlag dir einen Lektor. Als Self-Publisher solltest du allerdings nicht darauf verzichten.

Testleser

Hast du dein Buch lektorieren lassen, alles optimiert und aufgehübscht, dann solltest du es an zwei oder drei Testleser geben, möglichst Menschen aus deiner Zielgruppe. Lass sie das Buch lesen und kommentieren. Sie haben noch mal einen anderen Blick auf den Text als ein Lektor und können dir wertvolle Impulse zu Passagen geben, die vielleicht noch nicht komplett verständlich sind.

Testleser findest du in deinem Umfeld, deinem Kundenkreis oder auch auf Social-Media. Doch Achtung! Testleser sind keine Lektoren! Viele Autorinnen und Autoren möchten sich das Geld für einen Lektor sparen und engagieren stattdessen zuerst Testleser. Das mag auch funktionieren, wenn du Testleser findest, die viel Zeit haben, um deinen Text gründlich zu prüfen und ihre Anmerkungen zu hinterlassen. Ich finde es allerdings unschön, jemandem einen unlektorierten Text zur Prüfung zu geben, der kein Profi ist. Lektoren wissen genau, worauf sie achten müssen. Sie sind Spezialisten auf dem Gebiet der Textüberarbeitung – deine Testleser sind das nicht.

Bei einem Buchprojekt, das ich begleitet habe, hatte die Autorin ihr Buch ohne mein Wissen einem Testleser gegeben, der nicht aus ihrer Zielgruppe kam. Es war ein guter Kunde, der das Buch aufmerksam las und dann komplett zerpflückte. Er fühlte sich nicht angesprochen, fand den Stil nicht ansprechend und konnte sich nicht mit dem Buch anfreunden. Außerdem machte er zahlreiche Ergänzungen zum Text, die aus seiner Sicht notwendig waren. Sicher kannst du dir vorstellen, wie die Autorin sich danach fühlte. Sie war völlig verzweifelt und auch sauer. Sie hatte sich so viel Mühe gegeben und jetzt war alles für die Katz! In einem unserer Coaching-Calls erzählte sie mir von dem Desaster.

Doch der Testleser war zum einen nicht aus ihrer Zielgruppe und zum anderen – es war immer noch ihr Buch! Ergänzungen, die jemand anders macht, mögen sinnvoll sein. Wenn du als Autorin oder Autor damit allerdings nicht konform gehst, musst du sie nicht übernehmen. Es ist immer noch dein Werk und andere Menschen haben anderes Wissen und andere Gedanken zu deinem Thema. Ob du dies berücksichtigst, bleibt dir überlassen. Wir sahen uns die Änderungsvorschläge gemeinsam an und konnten einen Großteil entfernen. Der Testleser hatte viel von seinen Erfahrungen hineingebracht, die in dem Buch nichts zu suchen hatten. Einige Anregungen nahm die Autorin mit auf und optimierte die betroffenen Stellen. Danach lektorierte ich ihr Buch umfassend und wir bekamen ein hervorragendes Ergebnis, das sie dann an zwei Testleserinnen aus ihrer Zielgruppe weiterleitete, die beide völlig begeistert waren. Du siehst also, wähle weise, wem du dein Werk zu lesen gibst. Dein Partner, Freunde und Verwandte sind hierbei nicht unbedingt die erste Wahl.

Und an dieser Stelle noch meine dringliche Bitte:

Bitte gib dein Buch erst an Testleser, wenn es professionell lektoriert wurde. Zwar sparst du theoretisch etwas Geld, wenn du erst einmal die Anregungen der Testleser übernimmst, bevor du dein Manuskript an einen Lektor gibst, doch bestimmt keine Nerven. Ein Profi-Lektor weiß, worauf er zu achten hat. Er hält den roten Faden deines Buches im Blick. Er ist neutral und möchte dich dabei unterstützen, dein Buch besser zu machen. Also nutze diese Möglichkeit.

Und dann lass deine Testleser auf ein optimiertes Werk los und nicht auf eine Baustelle.

Buchsatz, Cover, Titel und Klappentext

Sobald du deinen Text fertig geschrieben hast, er lektoriert und korrigiert wurde und bestenfalls auch noch das Feedback der Testleser verarbeitet wurde, geht es an die „Kür" für dein Buch.

Buchsatz

Dein Buch muss nun für einen Druck oder ein E-Book-Format vorbereitet werden. Dafür wird dein fertiges Manuskript gesetzt. Hierfür gibt es Profis, die ich dir besonders dann empfehlen möchte, wenn du viele Grafiken verwendet hast oder bestimmte Effekte in deinem Text haben möchtest, wie etwa Großbuchstaben (sogenannte Kapitälchen) an jedem Kapitelanfang oder auch eine besondere Illustration deiner Kapitelüberschriften. Mittlerweile gibt es auch Freeware, die mit etwas Nacharbeit ein passables Ergebnis liefern kann, wenn deine Text- und Kapitelgestaltung nicht zu aufwendig ist, und das sowohl für ein Druck- als auch ein E-Book-Format.

Grundsätzlich musst du dich für eine Schriftart mit oder ohne Serifen entscheiden. Serifen sind die kleinen Striche am „Ende eines Buchstabens", etwa die beiden herunterhängenden Balken an einem T (hier in Times New Roman dargestellt). Klassische Schriftarten mit Serifen sind Times New Roman oder Book Antiqua, Schriftarten ohne Serifen Arial oder auch Calibri. Schriftarten mit Serifen erinnern an Schreibmaschinenschrift und werden häufig verwendet, wenn Professionalität, Vertrauen oder auch eine langjährige Erfahrung vermittelt werden sollen. Angeblich ist ein Text mit kleiner Schriftgröße besser und ermüdungsfreier lesbar, wenn Serifenschriften eingesetzt werden.

Serifenlose Schriftarten stehen eher für moderne, klare, schnörkellose Inhalte. Ich verwende hier absichtlich „eher", denn letztlich kannst du beide Schriftarten wunderbar verwenden, je nachdem, was dir besser gefällt, und auch, was deine Zielgruppe eher ansprechen wird. Auch eine Mischung ist möglich, indem du spezielle Textpassagen in einer anderen Schriftart hervorhebst. Übertreibe es aber nicht, sonst verwirrst du deine Leser. Veröffentlichst du dein Buch über einen Verlag, wird der Verlag dir in den meisten Fällen eine Schriftart und -größe vorgeben.

Bist du Self-Publisher, dann denke immer daran: Der Köder muss dem Fisch schmecken und nicht dem Angler.

Cover

Das Gleiche gilt für das Coverdesign. Da du deine Zielgruppe vorher genau analysiert hast, weißt du, welche Farben und Formen sie ansprechen werden. Behalte dies beim Cover unbedingt im Hinterkopf! Denke an den Fisch und den Köder. Achte beim Coverdesign unbedingt auf gute Lesbarkeit des Titels und sonstiger Texte. Häufig sehen eine Grafik oder ein Bild zwar wunderbar aus, sind aber so dominant auf dem Cover, dass der Titel kaum noch lesbar ist. Insbesondere für Online-Buchshops ist das eine schlechte Wahl. Dort hat dein Buch unter Umständen nur wenige Sekunden Zeit, um deinem Zielleser in der Masse der Bücher aufzufallen. Auch für das Coverdesign gibt es mittlerweile Lösungen für jeden Geldbeutel.

Das Coverdesign ist ein guter Zeitpunkt, um deine Zielgruppe neugierig auf dein Buch zu machen. Wenn du möchtest, lasse sie sogar mitentscheiden, indem du mehrere Cover zum Beispiel auf deinen Social-Media-Profilen zeigst und fragst, welches davon deinen Followern am besten gefällt.

Schau dir auch gerne in deiner Buchhandlung vor Ort oder auch online bei großen Buchhändlern Bücher an, die ein ähnliches Thema berühren wie dein Buch. Ist das Cover eher verspielt? Ist es nüchtern, sachlich? Welche Farben werden verwendet?

Farben sind aus meiner Sicht immens wichtig für die Gestaltung deines Covers und auch für dein Personal Branding. Über zwanzig Jahre habe ich bei einem Mittelständler gearbeitet, der Farbpasten und Lacke für die Kunststoffindustrie herstellt. Mit diesen Farbpasten wurden unter anderem Schuhsohlen, Lenkräder oder auch Haushaltsschwämme eingefärbt. Welche Farben im kommenden Jahr Trend sein würden, stand schon ein oder zwei Jahre vorher fest und Schwarz ist längst nicht gleich Schwarz. Es gibt bläuliches, gelbliches oder rötliches Schwarz und noch heute ziehe ich meinen Hut vor den Labormitarbeitern dieses Unternehmens, die ein unglaubliches Auge für Farben hatten.

Da mir Farben also wichtig sind, möchte ich dir an dieser Stelle die wichtigsten Grundlagen für dein Coverdesign und vielleicht auch dein persönliches Branding mitgeben.

Farben haben eine enorme Wirkung auf Menschen. Denke einmal an das frische Grün der Bäume im Frühjahr, weiße, gleichförmige Winterlandschaften oder das beruhigende Blau des Meeres. Fußballvereine nutzen Farbkombinationen, um damit bei ihren Fans und

Gegnern Bilder im Kopf hervorzurufen, und in der Tierwelt kann eine Signalfarbe über Leben und Tod entscheiden. Deshalb lohnt es sich, wenn du dich mit den Grundsätzen der Farbpsychologie auskennst.

Farben und Persönlichkeit

Das DISG-Modell, das auf den amerikanischen Psychologen William M. Marston zurückgeht und das besagt, dass unser Verhalten grundsätzlich durch zwei Faktoren bestimmt ist, nämlich ob Menschen Situationen eher positiv oder negativ wahrnehmen und sich in ihrem Umfeld eher als stark oder schwach bezeichnen kann dir bei deinem Coverdesign weiterhelfen. Auf der Grundlage der Erkenntnisse von Marston wurde dieses DISG-Modell zu vier Persönlichkeitstypen weiterentwickelt und ist mittlerweile im Management- und Coachingbereich weit verbreitet.

Die Abkürzung DISG steht dabei für die vier Grundverhaltenstendenzen und zur Verdeutlichung wurden diesen Tendenzen Farben zugeordnet:[3]

D = Dominant à Rot

I = Initiativ à Gelb

S = Stetig à Grün

G = Gewissenhaft à Blau

Du siehst also auch hieran, dass Blau die Farbe ist, die am ehesten für Ruhe und Gewissenhaftigkeit steht.

Dieses Wissen kannst du dir für dein Cover zunutze machen. Viele Buchcover im wirtschaftlichen Umfeld sind beispielsweise in Blautönen gehalten, insbesondere zu den Themen Controlling, Finanzen oder Recht.

---

3 Mehr über das DISG-Modell erfährst du hier: https://www.disg-modell.de/.

Möchtest du mit deinem Buch nun Menschen ansprechen, die klar und ohne Schnörkel kommunizieren, dann ist Blau die richtige Wahl für dein Cover. Die weitere Gestaltung deines Covers sollte sich der gewählten, blauen Farbwelt anpassen und möglichst klar und schnörkellos sein. Das bedeutet nicht, dass das Cover keine Emotionen wecken darf, im Gegenteil. Durch die klare Gestaltung vermittelst du die Souveränität und Sicherheit und dass dein Buch genau das Richtige für die angesprochene Zielgruppe ist. Verschnörkelte Blumenmuster würden sie vermutlich eher irritieren. Achte allerdings bei der Gestaltung immer darauf, nicht zu eintönig zu werden. Oft sind leichte Brüche im Design sehr spannend und wecken Neugier. Nachfolgend nun einige Grundlagen zu den unterschiedlichen Grundfarben und ihrer Wirkung.

Blau

Blau ist die Lieblingsfarbe vieler Menschen. Sie symbolisiert Ruhe, Weite und Geborgenheit, aber auch Seriosität, Zuverlässigkeit und Sauberkeit. Blau ist die Farbe der Kommunikation, sie wirkt frisch und vertrauenswürdig. Nicht umsonst tragen viele Personen im beruflichen Umfeld gerne Blau. Wird Blau zu dominant, kann es distanziert oder kühl wirken.

Blaue Logos, die du sicher kennst, sind z. B.:

Facebook, Intel, Ford, PayPal und die Nivea-Creme.

Gelb

Gelb erinnert an die Sonne und übt eine fröhliche und anziehende Wirkung aus. Eines der bekanntesten gelben Logos ist sicher das „goldene M" von McDonald's. Blau und Gelb kennst du sicher auch als Kombination: Ikea.

Gelb macht aufmerksam und wach und kann Begeisterung wecken. Vielen Menschen ist Gelb allerdings zu grell. In Kombination mit Schwarz entsteht eine eher abschreckende Wirkung (denke einmal an die Wespe). Gelb wird auf Buchcovern in vielen Fällen als Akzentfarbe genutzt. Sparsam eingesetzt, kann es einen genialen Kontrast bilden, gerne auch mit Blau.

Rot

Rot steht für Dynamik, Wachstum, Wärme und das Leben, allerdings auch für Aggression, Wut und Gefahr (denke an die rote Ampel oder viele Verkehrsschilder). Ein rotes Cover erweckt sofort Aufmerksamkeit, sollte allerdings mit Bedacht eingesetzt werden. Meist wird Rot mit einem etwas neutraleren Farbton kombiniert, etwa Grau. So nimmst du Rot die Schärfe. Gute Alternativen sind die etwas sanfteren Rotkombinationen wie Pink oder auch Orange.

Grün

Grün symbolisiert Ausgewogenheit, Harmonie, Klarheit und Wachstum. Grün stärkt die Konzentration und kann für Ausgeglichenheit sorgen. Auf einem Cover steht grün für Neuanfang, Natur, häufig Gesundheit, aber auch für Finanzen. Grün kombiniert mit Blau und Gelb, den Farben, aus denen diese Farbe entsteht, ist immer eine gute Wahl. Nimmst du noch einen Kontrast dazu, wie etwa Rot, ergibt sich eine spannende Farbkombination.

Schwarz

Schwarz ist geheimnisvoll, hochwertig und unbekannt (wobei Schwarz streng genommen gar keine Farbe ist, sondern die Abwesenheit von Licht).

Schwarze Logos funktionieren vornehmlich in Kombination mit einer weiteren Farbe. Häufig wird Weiß als Komplementär verwendet oder auch Gold. Die Kombination Schwarz/Gold ist auf vielen Covern zu finden, die hochwertig und luxuriös, aber auch geheimnisvoll wirken sollen.

Bei einem schwarzen Cover solltest du unbedingt auf die Papiersorte und Ausführung achten. Leicht gibt es unschöne Fingerabdrücke auf dem Cover, wenn das Papier billig ist.

Weiß

Weiß gibt Raum und Ordnung und steht für Vollkommenheit, Reinheit und Klarheit. Im Coverdesign kann Weiß eine gute Grundlage für Bilder, Schriftzüge oder Gegensätze sein, die auffallen. Traue dich, ein weißes Cover zu gestalten oder gestalten zu lassen. Weiß bietet dem Auge Ruhe und Entspannung. Die wesentlichen Dinge kommen auf Weiß gut zur Geltung. Ein weißes Cover muss nicht langweilig sein. Mit einer Akzentfarbe, einem Bild oder auch einer spannenden Grafik fällt ein weißes Cover auf.

Natürlich gibt es noch zahlreiche weitere Farben, die alle eine unterschiedliche Wirkung entfalten, insbesondere, wenn sie mit ihren Komplementärfarben kombiniert werden. Bitte keine Sorge, du musst für das Design deines Covers kein Designstudium absolvieren. Mit den rudimentären Informationen aus diesem Kapitel möchte ich dich allerdings ermuntern, deinem Designer nicht komplett das Feld des Coverdesigns zu überlassen, sondern dir vorab Gedanken zu machen, welche Zielgruppe du mit welchen Farben erreichst und welche Wirkung du erzielen möchtest.

Gute Grafiker und Designer wissen natürlich um die Wirkung der Farben und werden automatisch die richtigen Farben auswählen, wenn du ihnen detaillierte Informationen zur Zielgruppe und zum Inhalt deines Buches gibst. Mit diesen wichtigen Basisinformationen werden sie dein Buchprojekt mit einem passenden Cover bestmöglich unterstützen können.

Coverdesign muss dabei nicht teuer sein. Es gibt zahlreiche Coverdesigner auf dem Markt, die um die Gunst der Kunden werben, und häufig bekommst du ein passables, einfaches Cover schon für unter 200 Euro.

Achte hier darauf, dass du sowohl ein Cover für dein Print-Buch als auch eines für dein E-Book benötigst. Möchtest du sowohl ein Hard- als auch ein Softcover-Buch veröffentlichen, benötigst du auch für jedes dieser Formate ein separates Cover, da die Größe sich leicht unterscheidet. Dein Coverdesigner weiß in der Regel, welche Dateiformate und -größen dafür benötigt werden.

Günstige Alternativen zu einem individuellen Cover sind sogenannte Pre-Mades. Viele Coverdesigner stellen diese auf ihren Webseiten zur Ansicht zur Verfügung, wo du sie meist direkt kaufen kannst. Pre-Mades sind vordesignte Cover, in die nur noch dein Titel, der Autorenname, der Klappentext und ggf. der Verlagsname eingefügt werden. Pre-Mades gibt es am häufigsten für Romane oder Thriller, der eine oder andere Designer hat auch für Sachbücher Vorlagen im Programm. Ein Pre-Made ist überwiegend günstiger als ein individuell designtes Cover und wird durch den Coverdesigner auch nur einmalig verkauft. Eine gute Lösung also, um günstig ein einzigartiges Cover zu erstehen.

Die Schrift

Schau dir auf der Webseite eines Online-Buchhändlers unterschiedliche Cover an und achte insbesondere auf die Schrift. Was fällt dir auf?

Bitte, bitte und noch eine dritte Bitte: Achte unbedingt auf die Schriftgröße und den Umfang deiner Haupt-Überschrift, also deines Titels. Hast du einen ellenlangen Titel, der zudem noch in einer blassen Farbe verschnörkelt auf einem schwarzen Hintergrund erscheint, haben deine Leser keine Chance, den Titel zu lesen. Vielleicht denkst du jetzt, dass das nicht so wichtig ist, denn wer kauft schon ein Buch nur beim „Drüberscrollen"? Antwort: Ich zum Beispiel. Bei den großen Online-Buchhändlern bekommst du aufgrund deiner Präferenzen oder Bestellhistorie immer wieder Bücher und Artikel angezeigt, die dir gefallen könnten. Diese Algorithmen kannst du dir zunutze machen. Menschen, die bereits eine Yogamatte gekauft haben, kaufen vielleicht auch dein Buch „Yoga für Teenager". Menschen, die sich für Räucherstäbchen interessieren, kaufen dein Buch zu den Raunächten. Menschen, die eine iPhone-Hülle gekauft haben, kaufen vielleicht auch deine besten „Vertriebstipps für Außendienstler".

Um diesen Algorithmus zu nutzen, brauchst du allerdings einen klaren, gut lesbaren und „sprechenden" Titel (dazu gleich mehr) und ein auf deine Zielgruppe abgestimmtes Cover.

Hier noch ein kleiner Exkurs:

Im amerikanischen Raum sind Cover mit dem Bild der Autoren geläufig. Bei uns werden Bilder der Autoren noch nicht in vielen Fällen auf Covern eingesetzt. Wenn, dann meist bei Biografien oder berühmten Persönlichkeiten. Das bedeutet also, mit einem solchen Cover kannst du aus der Masse herausstechen. Ich finde, ein Cover mit einem professionellen Bild von dir ist perfekt geeignet, um deine Personenmarke aufzubauen. Bist du schon bekannt und hast einen Namen bei deinen Kunden, Followern oder auf dem Markt, auf dem du dich bewegst, dann nutze ihn! Zeige dich und verstecke dich nicht im Innenteil des Buches.

Achte auf ein sympathisches Bild oder, wenn du mutig bist, wähle ein Bild, das neugierig macht. Du hast nur wenige Millisekunden, um Menschen auf dein Buch aufmerksam zu machen (das gilt auch für die Buchhandlung). Also nutze diese Sekunden weise.

Generell empfehle ich dir, dein Coverdesign in Profi-Hände zu geben. Hast du kein Budget, dann ist das Grafikprogramm *Canva* eine Alternative, dass du in der Basis-Version kostenfrei nutzen kannst. In Canva gibt es zahlreiche vordesignte Buchcover, die du leicht nach deinen Wünschen anpassen kannst. Damit kannst du auch deinem Designer deine Ideen optimal weitergeben.

Und hier noch eine Warnung! Das, was dir gefällt, ist nicht unbedingt das, was deiner Zielgruppe gefällt. Also auch, wenn es hart klingt: Dein Cover muss dir zwar gefallen, aber noch mehr gefallen muss es deiner Zielgruppe.

Für dieses Buch habe ich einen Designwettbewerb über eine Designplattform gestartet. In der ersten Runde bekam ich über 32 Designs, es war Fluch und Segen zugleich. Je mehr Vorschläge ich erhielt, umso verwirrter wurde ich und letztlich habe ich meine Community und insbesondere diejenigen Personen, die zu meiner Zielgruppe gehören, über das finale Cover entscheiden lassen. Mir gefielen alle, doch was sollte ich mit fünf Covern? Dieses Buch ziert also das Cover, dass meiner Community am besten gefallen hat. Wie findest du es? Wann, wo und weshalb ist es dir besonders aufgefallen? Gibt es Elemente, die du für dein Cover übernehmen würdest, oder welche, die du auf keinen Fall haben möchtest?

Vergiss bei der Covergestaltung nicht die Rückseite und den Buchrücken deines Buches! Auf die Rückseite deines Buches kommt ein Klappentext, eine kurze Beschreibung deiner Person, auf Wunsch mit Bild und ggfs. ein Barcode samt ISBN. Auf dem Buchrücken steht der Titel, Autor und falls vorhanden, der Verlagsname.

Arbeitest du mit einem Verlag zusammen, wird der Verlag dich nicht nur beraten, sondern auch das Coverdesign für dich komplett übernehmen. Dabei hast du unter Umständen nur begrenztes Mitspracherecht. Einige Verlage haben vorgegebene Elemente auf ihren Covern, damit ihre Bücher leicht zu erkennen sind. Immer wieder höre ich von Autorinnen und Autoren, dass sie ihr Cover unbedingt selbst gestalten wollen und auch ihren Titel schon fix und fertig im Kopf haben. Davon abrücken möchten sie auf keinen Fall. Falls du auch so denkst, ist ein Verlag für dich wahrscheinlich nicht geeignet und du solltest dein Buch besser selbst veröffentlichen, denn dann hast du die Entscheidungsgewalt über alle Details (aber auch die Arbeit damit).

Grafiken und Bilder

Möchtest du komplizierte Sachverhalte verständlich darstellen, solltest du sie mit einer Grafik verdeutlichen. Grafiken und Bilder lockern deinen Text auf, gönnen deinen Lesern eine visuelle Pause und sagen manchmal mehr als tausend Worte. Auch Bilder können das Geschriebene unterstützen.

Möchtest du eine Grafik oder ein Bild einfügen, kopiere nicht einfach irgendetwas aus dem Internet und füge es in dein Buch ein. Zum einen ist das schlicht und ergreifend aufgrund des Urheberrechtes verboten, zum anderen reicht die Druckqualität solcher kopierter Bilder meist nicht aus.

Bilder für dein Buch solltest du also entweder selbst anfertigen, speziell dafür anfertigen lassen oder auf einer Plattform[4] kaufen. Achte

4 Bekannte Plattformen hierfür sind Pexels oder auch Gettyimages.

darauf, dass die Bilder, die du kaufst, für Buchdruck freigegeben sind. Meist gibt es unterschiedliche Lizenzen für die verschiedenen Nutzungsarten.

Grafiken kannst du entweder über ein Grafikprogramm (z. B. Canva) selbst anfertigen oder du lässt sie von einem Designer anfertigen. Schön finde ich es, wenn die Grafiken in einem Buch ein verbindendes Element haben, also etwa einen Farbakzent, die gleiche Schriftart oder die Art der Darstellung.

Ich habe mich in diesem Buch für Bilder im Comic-Stil entschieden. Ich finde, sie passen gut zum eher lockeren Schreibstil. Bei einem Buch, dass sich ausschließlich an mittelständische Unternehmen richtet, würde ich eher „seriöse" Grafiken einfügen. Erlaubt ist, was deiner Zielgruppe (und natürlich dir) gefällt.

Dein Titel

Einzigartig. Besonders. Sprechend. Kurz. Knackig. Zielgruppengerecht. Aufmerksamkeitserregend. Noch nie dagewesen. Hammermäßig!

Das alles und viel mehr sollte der Titel für dein Buch sein. *Ok, sonst noch was?*

Erst kürzlich rief mich eine Autorin, deren Buchprojekt ich als Coach begleite, frühmorgens schon an. Ich war zufällig im Büro und sah ihre Nummer auf dem Display meines Smartphones, also ging ich dran, denn ich dachte schon, es wäre irgendetwas Schlimmes passiert. Doch im Gegenteil. Sie schrie mir förmlich ins Ohr: „Ich hab den Titel! Ich hab den Titel! Endlich!"

Morgens unter der Dusche war ihr die zündende Idee gekommen, wie sie in nur drei Wörtern alles verpacken konnte, was die zukünftigen

Leser zwar über den Inhalt des Buches informieren, aber nicht zu viel verraten würde. Trotzdem machte der Titel neugierig und - das Allerbeste - es gab ihn auch noch nicht! Volltreffer. Monatelang hatte die Autorin schon gegrübelt. Wir hatten einige Arbeitstitel herausgesucht, ausprobiert, verworfen und sogar schon auf ein Pro-Forma-Cover geschrieben, um zu spüren, ob der Titel sich richtig anfühlt. Das hatte er aber bisher nicht. Doch mit einem Mal war er da: der perfekte Titel. Kurz, knackig und sprechend.

Häufig kommen zukünftige Autorinnen und Autoren auf mich zu und haben den perfekten Titel für ihr Buch vermeintlich schon gefunden, bevor sie die erste Zeile geschrieben haben. Es mag Fälle geben, in denen dieser Titel dann auch bleibt. Meist haben sie aber weder recherchiert, ob es den Titel schon gibt, noch stehen die genauen Inhalte für das Buch. In solchen Fällen empfehle ich, diesen Titel erst einmal als Arbeitstitel zu verwenden und später, wenn der Entstehungsprozess des Buches fortgeschritten ist, zu überlegen, ob der Titel noch passt.

Allerdings gibt es immer wieder Ausnahmen. So etwa das Buch „Klein, aber aha. Stehe auf und werde zur Löwin", von Silke Klapdor, die ich ebenfalls als Coach begleiten durfte. Der Titel stand von Anfang an fest und spiegelt sich im kompletten Personal Branding von Silke wider. Ihr Podcast (übrigens äußerst empfehlenswert) heißt wie das Buch und sie hat zudem einen „Löwinnen-Award" ins Leben gerufen. Alles ist in sich perfekt abgestimmt. Damit es auch bei dir mit dem Titel gut läuft, solltest du auf folgende Dinge achten:

Einzigartigkeit

Deinen Titel darf es nicht schon einmal geben, zumindest nicht im gleichen Genre. Prüfen kannst du deine Titelideen auf die Schnelle via Online-Buchhändler oder bei www.buchhandel.de. Hinter dieser Webseite steckt das Verzeichnis lieferbarer Bücher (VLB), bei dem über 2,5 Millionen Titel aus über 21.000 Verlagen (lt. Webseite) gelistet sind. Eine Listung deines Buches im VLB sorgt dafür, dass Buchhändler dein Buch bestellen können.

Hast du eine geniale Titelidee, empfiehlt es sich, diesen Titel schützen zu lassen, damit ihn dir niemand wegschnappt. Das erledigst du einfach online, bspw. über den Titelschutz des Börsenblatts.[5] Damit wird dein Titel im Börsenblatt des deutschen Buchhandels veröffentlicht und ist für sechs Monate geschützt. Eine Verlängerung ist möglich. Alternativ kannst du auch in die Tasten hauen und dein Buch schnell veröffentlichen. Mit der Veröffentlichung ist dein „Werkstitel" in Gebrauch und somit automatisch geschützt.

Ein Titel ist dann schützenswert, wenn er einzigartig ist oder keine Verwechslungsgefahr besteht. Es ist also durchaus möglich, einen Titel, den es bereits gibt, noch mal zu verwenden, wenn absolut keine Verwechslungsgefahr besteht. Doch der Grat, auf dem du dich damit bewegst, ist schmal, also empfehle ich dir, lieber einen einzigartigen Titel zu suchen und zu verwenden, um Schwierigkeiten wie etwa eine Unterlassungs- oder Schadenersatzklage zu vermeiden. Natürlich hast auch du das Recht, deinen Titel zu verteidigen, sollte irgendjemand anderes diesen plötzlich verwenden.

Um zu vermeiden, dass dein Titel mit eingetragenen Marken kollidiert, solltest du sicherheitshalber zusätzlich auch noch eine Recherche beim Deutschen Patent- und Markenamt (**www.dpma.de**) vornehmen.

Nutzt du einen Titel nicht (mehr), erlischt nach drei Jahren automatisch der Titelschutz.

5 https://www.boersenblatt.net/service/titelschutz.

Quick-Tipps für deinen Titel

- Dein Titel sollte neugierig machen.

  „Der Hobbit" von J. R. R. Tolkien etwa finde ich genial. Was ist ein Hobbit? Wieso *der* Hobbit? Worum geht es überhaupt? Schon bin ich neugierig.

- Länge des Titels

  Theoretisch kann dein Titel auch nur aus einem Wort bestehen, doch die Wahrscheinlichkeit, dass es ihn dann schon gibt, ist recht hoch. Dein Titel sollte auch noch ein Titel sein und keine Inhaltsbeschreibung des Buches. Verwende so viele Wörter wie nötig und so wenig wie möglich. Denke hierbei auch noch mal an die grafische Gestaltung des Covers. Je mehr Wörter du verwendest, umso kleiner muss die Schrift sein.

- Hole dir Feedback von deinen Lesern ein.

  Du musst nicht alles selbst entscheiden. Natürlich ist es dein Buch, doch häufig sind Impulse von außen äußerst wertvoll. Wenn du also mehrere Ideen hast, hole dir Feedback von deiner Zielgruppe ein. So schlägst du zwei Fliegen mit einer Klappe: Deine Zielgruppe wird schon früh auf dein Buch aufmerksam und fühlt sich ernst genommen.

Geniale Buchtitel sind:

Eigenlob stimmt (Sabine Asgodom)

Wie man Freunde gewinnt (Dale Carnegie)

Das Abo Zeitalter (Tien Tzuo)

Jenseits vom Mittelmaß (Hermann Scherer)

Diese Buchtitel sagen in wenigen Worten aus, worum es im Buch geht. Sie sprechen die Zielgruppe an, machen neugierig und sind trotzdem kurz und knackig. Arbeitest du mit einem Verlag zusammen, wird der Verlag den Titel entweder vorschlagen oder gemeinsam mit dir erarbeiten. Vertraue hier dem Verlag. Verlage haben viel Erfahrung, welche Titel für welche Genres und Zielgruppen funktionieren.

Jürgen Jörges, der „Schimmel-Schimanski" hat mir bei einer Veranstaltung erzählt, wie der Buchtitel seines Buches „Schimmel, Arsch und Zwirn" zustande gekommen ist. Der Verlag hatte die Idee, mit dem Wort „Himmel" zu spielen. Daraufhin hat Jürgen überlegt, welche Sprichwörter es mit „Himmel" gibt, die zu „Schimmel" umgewandelt werden könnten. Nach vielen Möglichkeiten, die nicht optimal passten, wie etwa „Der Schimmel auf Erden" oder „Schimmel und Hölle" war die Idee von „Schimmel, Arsch und Zwirn" geboren. Der Titel macht neugierig, polarisiert und passt perfekt zum Inhalt des Buches genauso wie zum Autor, der im Buch locker-leicht über alltägliche Schimmelplagen berichtet.

Fehlt dir jegliche Inspiration für einen Titel, schreibe dein Buch erst einmal fertig, lies noch einmal hinein und prüfe, welche Begriffe oder Redewendungen du immer wieder verwendest. Vielleicht eignen sie sich als Titel?

Und jetzt noch ein Geheimtipp, der vielleicht seltsam klingt, aber funktioniert. Lege dir abends, bevor du ins Bett gehst, Zettel und Stift auf deinen Nachttisch. Bevor du dich hinlegst, liest du noch einmal einige Zeilen aus deinem Buch. Dann bittest du dein Unterbewusstsein um einen Buchtitel. Morgens, wenn du aufwachst, schreibst du die ersten drei Begriffe oder Titel auf, die dir in den Sinn kommen. Bestimmt ist etwas Spannendes dabei. Viel Erfolg!

Dein Klappentext

Dein Klappentext ist die Werbung in Kurzform für dein Buch. Verrate nicht auf der Rückseite deines Buches schon den ganzen Inhalt, aber beschreibe genau, für wen du das Buch geschrieben hast, warum derjenige es lesen sollte, und mache deinen Expertenstatus klar. Ein Bild von dir als Autor gehört aus meiner Sicht immer dazu. Das macht dich nahbar und sympathisch.

Ein guter Klappentext ist keine Inhaltsbeschreibung. Idealerweise machst du die Leser so neugierig, dass sie dein Buch unbedingt lesen wollen. Dein Klappentext entsteht optimalerweise, nachdem du dein Buch fertig geschrieben hast, denn erst dann kannst du sicher sagen, was alles im Buch steht und wer es lesen sollte. Auch hier empfehle ich dir, dir Feedback aus deiner Zielgruppe zu holen. Poste deinen Klappentext beispielsweise auf deinem Social-Media-Account und bitte um Feedback, wer das Buch kaufen würde. Damit erregst du Aufmerksamkeit, beziehst deine Zielgruppe mit in den Prozess ein und generierst vielleicht schon die ersten Käufer.

Die Frage aller Fragen!

Wie viele Seiten braucht ein Buch?

Das ist einfach. Genau 237 und es sollten zwischen 58 724 und 59 362 Wörter im Buch verwendet werden. Nicht mehr oder weniger. Das hat eine geheime Gilde aus Schriftstellern vor 37 Jahren festgelegt. Glaubst du mir nicht? Gut so. Das ist nämlich Quatsch.

Diese Frage erreicht mich trotzdem regelmäßig, daher an dieser Stelle ein kleiner Anhaltspunkt. Denke an dein Warum. Was möchtest du mit dem Buch erreichen? Schreibst du ein kleines E-Book, dass du an potenzielle Neukunden verschenkst, brauchst du kein 500-Seiten-Buch. Dann reichen auch 40 oder 60 DIN A4-Seiten, vielleicht mit ein paar Grafiken, die du zum Download als PDF anbietest. Ob du das ganze Buch nennen möchtest, bleibt dir überlassen.

Planst du allerdings, dein gesamtes Wissen aus mehr als 25 Berufsjahren als branchenveränderndes Werk über einen Verlag zu veröffentlichen, um damit als Speaker gebucht zu werden, solltest du Zeit und Hirnschmalz in mehr als 60 Seiten investieren, sonst wirkt dein Werk einfach unglaubwürdig. Die Wahrheit liegt für die meisten Coaches, Trainer, Berater oder auch Unternehmer sicher dazwischen. Ich finde als Anhaltspunkt etwa 150-250 Seiten optimal.

Letztlich kommt es aber mehr auf den Inhalt an als auf die Seiten- oder Wörterzahl. Hast du dein Thema umfassend erklärt, nach Wunsch einige passende Grafiken oder Bilder im Buch platziert und kommst „nur" auf 80 Seiten, dann ist das okay. Ich habe schon viele Free-Plus-Shipping-Bücher auf dem Markt gesehen, die überschaubare Inhalte auf 250 Seiten aufgebläht haben durch Leerseiten, Grafiken, doppelseitige Bilder, Schriftgröße 14 und doppelten Zeilenabstand. So ein Buch habe ich überwiegend in einer Stunde durchgelesen (oder durchgeblättert) und es hinterlässt bei mir einen eher faden Beigeschmack. Allerdings darfst du auch Dinge ausprobieren. Ich gestehe, mein erstes „Buch", das ich Mitte 2019 im Self-Publishing veröffentlicht habe, hatte nur einen Umfang von etwa 50 Seiten. Ich wollte damals ausprobieren, wie das Self-Publishing überhaupt funktioniert, worauf ich achten muss und ob überhaupt irgendjemand dieses Buch kauft. Als das Buch endlich bestellt werden konnte, war ich unfassbar aufgeregt. Würde irgendjemand das Buch bestellen und lesen? Was, wenn ich eine negative Rezension bekomme? Was, wenn NIEMAND das Buch kauft? Was, wenn irgendwelche Leute das Buch blöd finden, vor meinem Haus kampieren und nachts in Sprechchören rufen: „Mirjam hat ein blödes Buch geschrieben! Mirjam hat ein blödes Buch geschrieben!" Es war eine Achterbahnfahrt der Gefühle. Dieses „Buch" habe ich mittlerweile wieder vom Markt genommen, da es irgendwann nicht mehr zu mir passte. P.S. Das mit den Sprechchören ist nicht übertrieben. Ich habe das wirklich gedacht. Mehr zu den vielfältigen „Mindfucks", die dich bei deinem Buch ereilen können, und was du dagegen tun kannst, erfährst du in einem der folgenden Kapitel.

Schritt 10

Verlag vs. Self-Publishing

Du bist nicht allein. Laut Börsenblatt des deutschen Buchhandels wäre ein Stapel an Büchern, die im Jahr 2020 neu erschienen sind, 2075 Meter hoch! Über zwei Kilometer. Verrückt, oder? Du bist also nicht allein auf dem Markt. Und egal, ob du dein Buch über einen Verlag oder als Self-Publisher veröffentlichen möchtest, die Konkurrenz schläft nicht. Doch zuerst einmal: Was sind die Unterschiede zwischen einer Verlagsveröffentlichung und Self-Publishing?

Self-Publisher oder Selbstverleger bist du dann, wenn du dein Werk als Autor selbst veröffentlichst. Dabei spielt es keine Rolle, ob du hierfür einen eigenen Verlag gründest, auf einen Print-on-Demand-Dienstleister zurückgreifst oder dein Buch bei einer Druckerei drucken lässt und selbst verkaufst. Self-Publishing ist für viele Autorinnen und Autoren der einzige Weg, ihre Bücher zu veröffentlichen. Publikumsverlage erhalten (je nach Größe) jedes Jahr tausende von Manuskripten zugesendet, doch nur ein Bruchteil davon wird veröffentlicht. Versuchst du also bei einem Verlag unterzukommen und es funktioniert nicht, heißt das nicht automatisch, dass dein Buch schlecht ist.

Doch welche Veröffentlichungsart ist nun optimal für dein Werk?

Hierfür solltest du noch mal einen Blick auf vier Dinge werfen:

1) Dein Buchziel
2) Die Zielgruppe
3) Dich selbst
4) Deinen Terminplan

Möchtest du mit deinem Buch einen Funnel aufbauen? Möchtest du als Speaker auf der Bühne stehen? Brauchst du ein günstiges Freebie, um E-Mail-Adressen einzusammeln?

Wie erreichst du deine Zielgruppe? Hast du schon reichlich Follower, einen gut funktionierenden Podcast oder YouTube-Kanal?

Bist du bereit, einem Verlag die Covergestaltung und die Titelfindung zu überlassen? Oder möchtest du alles lieber selbst in der Hand haben?

Wie schnell brauchst du dein Buch, um deine Ziele zu erreichen?

Der Publikumsverlag

Einen Verlagsvertrag zu erhalten, ist eine feine Sache. Der Verlag übernimmt eine Vielzahl an Aufgaben für dich. Er kümmert sich um das Lektorat und Korrektorat deines Buches, um das Coverdesign, den Buchsatz und die Veröffentlichung. Er bringt dein Buch in die Buchhandlung (wenn es dafür geeignet ist) und kümmert sich zum Teil um das Buchmarketing. Für jeden Verkauf deines Buches erhältst du eine Vergütung, die sogenannten Tantiemen. Eventuell gelingt es dir sogar, einen Vorschuss auf diese Tantiemen zu ergattern (zumindest, wenn du Stephen King heißt, sollte das kein Problem sein).

In einem Verlag veröffentlichte Bücher genießen eine hohe Reputation. Schließlich wird längst nicht jedes Buch veröffentlicht. Hast du einen Verlag gefunden, bedeutet dies, dass ein professioneller Lektor dein Werk für gut befunden hat und der Verlag davon ausgeht, mit deinem Buch Geld verdienen zu können. Denn letztlich ist genau das das Ziel des Verlags: Geld verdienen.

Sind dir also Reputation und möglichst wenig Aufwand mit dem gesamten „Drumherum", also Buchsatz, Coverdesign, Korrektorat etc. wichtig, dann solltest du versuchen, dein Buch bei einem Verlag zu platzieren.

Dafür benötigst du ein Exposé, um dein Buch beim Verlag deiner Wahl vorzustellen. Ein Exposé besteht aus drei Teilen:

1) Der Exposé-Vorlage des Verlags
2) Ein bis zwei Probekapiteln deines Buches
3) Deiner Vita

Bevor du jedoch diese Dinge zusammenstellst, hast du eine enorm wichtige Aufgabe: die Auswahl des richtigen Verlags. Nicht jeder Verlag ist für dein Buch der richtige. Um herauszufinden, welche Verlage in Betracht kommen, wirf zuerst einmal einen Blick in dein eigenes Bücherregal. Welche Verlage sind dort vertreten? Alternativ kannst du auch wieder Online-Buchhändler für die Recherche nutzen. Gibt es bereits Bücher zu deinem Thema? Wo wurden sie veröffentlicht? Gibt es verwandte Themen? Welche Verlage findest du hier? Suche etwa fünf bis zehn verschiedene Verlage aus. Danach gehst du auf die Webseiten dieser Verlage. Wie ist der Auftritt gestaltet? Werden die Bücher und Autoren vorgestellt? Passt die Ansprache des Verlags zu deiner Zielgruppe?

Hast du etwa ein Buch für spirituelle Menschen geschrieben, ist ein Verlag, der hauptsächlich Fachbücher für Anwälte veröffentlicht, nicht die richtige Wahl. Und genau das meine ich damit: Wenn ein Verlag dein Buch ablehnt, heißt das nicht zwangsläufig, dass es schlecht ist. Reichst du ein Buch über das Gesetz der Anziehung für Yoga-Lehrer bei einem Verlag für Rechtsanwälte ein, kann dein Buch noch so großartig sein, du wirst damit keine Chance haben. Suche dir stattdessen etwa drei größere und dazu noch zwei kleinere Verlage, die zu deinem Thema passen und die sich mit ihren Veröffentlichungen an deine Leser richten. Es lohnt sich, auch in deiner Umgebung nach Verlagen zu suchen. Vielleicht gibt es einen lokalen Verlag, der sich freut, neue Autoren aus der Gegend zu veröffentlichen.

Die meisten Autorinnen und Autoren schielen nur auf die großen, bekannten Namen. Dort bist du aber - insbesondere als Erstautor - nur einer unter vielen und gehst in der Masse unter, also gib doch einem kleineren Verlag auch eine Chance, vorausgesetzt, alle Rahmenbedingungen passen für dich.

Druckkostenzuschussverlage (DKZV)

An dieser Stelle eine Warnung: Falle bitte nicht auf sogenannte Druckkostenzuschussverlage herein. Das sind keine „echten" Verlage, sondern eher Dienstleister. Ein richtiger Verlag wird niemals Geld von dir für Coverdesign, Korrektorat etc. verlangen. Druckkostenzuschussverlage sind Dienstleister, die dich damit locken, dass sie dein Buch veröffentlichen. Vorher schicken sie dir allerdings ein umfangreiches Vertragswerk zu, in dem zu lesen ist, dass vor der Veröffentlichung diverse Kosten für dich anfallen, also z. B. für das Lektorat, Korrektorat oder auch Coverdesign. Wenn diese Konditionen für dich passen, dann greife zu, sei dir aber bewusst, dass du dann keine Veröffentlichung in einem regulären Publikumsverlag hast, sondern bei einem Pseudo-Verlag veröffentlichst, also einem Dienstleister für die Verlagsbranche mit Verlagsnamen.[6]

Mittlerweile gibt es allerdings auch viele seriöse Anbieter, die offen kommunizieren, dass die Veröffentlichung Geld kostet. Sie listen deutlich auf, welche Kosten auf dich zukommen und wie viele Bücher du selbst kaufen musst. Planst du ein Buch für dein Marketing, können diese Dienstleister-Verlage eine gute Alternative für dich sein. Doch auch hier: Schau genau hin, welche Leistungen für dich erbracht werden und welche Mitspracherechte du hast, damit du bei der Veröffentlichung und Vermarktung deines Buches keine bösen Überraschungen erlebst.

Deine Buchbewerbung

Hast du nun eine vorläufige Verlagsauswahl getroffen, geht es an deine Buchbewerbung. Dafür benötigst du ein bis zwei Probekapitel (etwa 20 Seiten) deines Buches in absoluter Top-Qualität. Top-Qualität bedeutet für mich: lektoriert, korrigiert, testgelesen, überarbeitet, ruhen gelassen, erneut überarbeitet und dann in Form gebracht. Ob eine bestimmte Form bei der Einreichung zu beachten ist, erfährst du auf der Webseite deines Wunschverlages oder bei einem kurzen Telefonat. Trau dich, beim Verlag anzurufen, wenn du auf der Webseite keine Hinweise zur Manuskripteinreichung findest. In einem kurzen Telefonat lassen sich die wichtigsten Details klären.

Dazu kommt das Exposé. Dein Exposé ist eine Übersicht über dein Buchprojekt. Neben Informationen zum Text, zur Zielgruppe und den Inhalten werden hier, je nach Verlag, unterschiedlichste Informationen

6 https://neinzudruckkostenzuschussverlagen.blogspot.com/p/blog-page_53.html.

abgefragt. Eine Vorlage findest du meist auch auf der Webseite der Verlage. Bei manchen Verlagen ist diese recht umfangreich, anderen reichen einige wenige Angaben. Bereite dieses Exposé sorgfältig vor.

Denke daran, dass du einen Verlag mit deinem Exposé davon überzeugen musst, warum er ausgerechnet in dich und dein Werk Geld investieren soll. Ein Exposé ist wie ein Kreditantrag. Jedes neue Projekt stellt für den Verlag ein Risiko dar. Verlage strecken bei Buchprojekten viel Geld vor und müssen sich sicher sein, dass sie ihre Ausgaben wieder hereinbekommen. Ein Exposé ist auch niemals nur eine Zusammenfassung des Manuskriptes, sondern eher eine Übersicht. Wen soll das Buch erreichen? Warum sollten Menschen es lesen? Welchen Mehrwert bietet das Buch? Gibt es schon ähnliche Bücher? Was unterscheidet dein Buch von diesen Büchern? Was ist das Besondere an deinem Buch?

Ein absolutes No-Go ist es, im Exposé schon konkrete Gestaltungshinweise zu geben. Schreibst du dem Verlag etwa, dass du „Calibri, Schriftgröße 11 in dunkelgrau auf cremefarbenem Papier" haben möchtest und das „Cover unbedingt in sanften Farbtönen mit einer Abbildung von mir, bearbeitet mit dem XYZ-Filter" gehalten werden muss, schießt du dich damit ins Abseits. Verlage entscheiden (in Absprache mit dir) über die Gestaltung des Buches. Allzu genaue Vorgaben schon beim Exposee können den Verlag abschrecken. Das wäre so ähnlich, als wenn du bei einem Bewerbungsgespräch direkt erklärst: „Mein Tisch muss eine weiße Tischplatte haben und ich nehme nur einen 21-Zoll-Monitor mit einem Dell-Computer in einem Einzelbüro." Kann funktionieren, muss aber nicht. Also lasse hier zuerst einmal Zurückhaltung walten.

Merkst du beim Ausfüllen der Exposee-Vorgaben, dass du Schwierigkeiten hast, weil du dein Buchprojekt nicht kurz und knackig beschreiben kannst, sollte dir das zu denken geben. Hast du deine Zielgruppe gut definiert? Ist dein Thema klar? Hier hast du die Möglichkeit, noch mal nachzuarbeiten - bevor du dein Exposee verschickst.

Als letzten Teil des Exposees solltest du immer deine persönliche Vita mit einreichen. Damit meine ich nicht deinen Lebenslauf. Niemanden interessiert, wann du dein Abitur gemacht hast und wie häufig du schon deine Jobs gewechselt hast (außer, das ist für dein Buch relevant). Nein, die Verlage möchten wissen, mit wem sie es zu tun haben, warum du eine spannende Persönlichkeit bist und welche Marketingpower du mitbringst. Sprichst du regelmäßig auf Kongressen? Hast du viele Instagram-Follower? Bist du ständig im Radio oder Fernsehen? Oder wärst zumindest bereit, dort aufzutreten? Dann schreibe all das in deine Vita hinein, entweder direkt in die Exposee-Vorlage oder du legst eine separate Vita bei, die du gerne ausschmücken darfst. Wenn du Bilder von dir auf der Bühne oder im Fernsehen hast, dann lege sie dazu. So erkennen die Verlage, dass du - und damit auch dein Buch - gut vermarktbar sind. Bescheidenheit ist hier fehl am Platze. Hermann Scherer, Business Experte, Vortragsredner und Autor empfiehlt sogar, ein mehrseitiges, gedrucktes Profil beizulegen. Hast du so etwas nicht, erwähne zumindest alles, was für den Verlag aus marketingtechnischer Sicht relevant sein könnte.

Die Einreichung dieses Exposees erfolgt heutzutage meist auf elektronischem Wege. Halte dich hier an die Vorgaben der Verlage. Wenn eine ausgedruckte Form gewünscht wird, rufe kurz beim Verlag durch und frage nach, ob das Dokument in einem Hefter, Ordner oder einfach nur zusammengetackert abgegeben werden soll. Denke daran: Die Lektoren großer Verlage bekommen täglich hunderte Exposees zugesandt. Mache es ihnen so einfach wie möglich.

Nach der Einreichung deiner Unterlagen heißt es geduldig sein. Manche Verlage benötigen bis zu sechs Monate für eine Rückmeldung. Von manchen hörst du nie wieder etwas und es gibt auch Fälle, in denen der Verlag am nächsten Tag schon angerufen hat, um weitere Informationen zu erbitten oder direkt einen Vertrag abzuschließen. Doch das ist eher die Ausnahme. Rechne also eher mit einer etwas längeren Wartezeit. Natürlich kannst du nach einigen Wochen telefonisch beim Verlag nachfragen, ob dein Manuskript angekommen ist, besonders gerne gesehen wird das aber nicht unbedingt. Häufig steht es schon auf der Webseite, insbesondere bei größeren Verlagen: „Von Nachfragen bitten wir abzusehen." Bekommst du schon drei Tage nach der Einreichung deiner Unterlagen einen Verlagsvertrag mit einer Flasche Champagner, solltest du die Vertragsdetails intensiv prüfen. Eventuell handelt es sich um einen Druckkostenzuschussverlag, der natürlich enorm daran interessiert ist, mit dir einen Vertrag abzuschließen und dir eine ordentliche Rechnung zu stellen. Wie schon geschrieben, im Einzelfall mag das eine Option sein, also prüfe genau, wie die Bedingungen sind und ob sie zu dir und deinen Zielen passen.

Bekommst du einen Verlagsvertrag, empfehle ich dir, diesen von einem Fachanwalt für Medienrecht prüfen zu lassen. Ich berate meine Autorinnen und Autoren bei diesem Thema grundsätzlich nicht. Zu groß sind die Fallstricke, daher verweise ich an dieser Stelle an einen Anwalt.

Die Zusammenarbeit mit dem Verlag

In deinem Verlagsvertrag werden unterschiedliche Parameter für das Buch festgelegt, meist auch ein Veröffentlichungsdatum und ein Zeitpunkt, bis zu dem du dein Manuskript einreichen musst. Plane hier nicht zu optimistisch, wenn dein Buch noch nicht fertig geschrieben ist. Du könntest krank werden, eine Schreibblockade bekommen oder irgendwelche anderen Umstände halten dich vom Schreiben ab. Schnell gerätst du dann in Verzug.

Frage direkt beim Verlag nach, ob es bezüglich der Manuskripteinreichung Besonderheiten gibt. Manche Verlage möchten Grafiken separat haben, Tabellen auf eine bestimme Weise eingebunden und manche haben auch Vorgaben zu Zitaten oder Quellenangaben. Je früher du diese Vorgaben hast, umso leichter kannst du sie in deinem Manuskript berücksichtigen.

Nachdem du dein Buch fertig geschrieben hast, schickst du es an den Lektor des Verlages, der es dir mit Anmerkungen und Verbesserungsvorschlägen zurücksenden wird. Auch wenn das Lektorat eine „fiese Phase" im Buchprojekt ist, empfehle ich dir, die Anmerkungen des Lektors zu berücksichtigen. Sie sind Profis und haben nur ein Ziel: Deinen Text besser zu machen. Oft gibt es nicht nur eine Lektorats-Schleife, sondern mehrere. Gemeinsam schleift ihr an deinem Text, so lange, bis er für den Moment perfekt ist.

Das fertig lektorierte Manuskript wird dann final korrigiert, der Text gesetzt, das Cover gestaltet und dein Buch veröffentlicht. Achte darauf, dass du vom Verlag eine verlässliche Information erhältst, wann das Buch in den Verkauf geht. Nichts ist blöder, als wenn du von jemand anderem erfährst, dass dein Buch bereits erhältlich ist, ohne dass du davon wusstest.

Reich durch ein Buch?

Irgendwann wirst du vom Verlag dann die ersten Abrechnungen bekommen. Pro verkauftem Buch erhältst du einen kleinen Betrag oder Prozentsatz an Tantiemen. Das sind meist nur wenige Cent oder vielleicht ein oder zwei Euro. Sei nicht enttäuscht, das ist völlig normal, denn der Verlag hat eine Menge Arbeit und Kosten mit dem Buch, die er durch die Verkäufe wieder hineinbekommen möchte. Verkauft sich dein Buch häufig, ist auch für dich ein hübsches Sümmchen drin. Doch planst du, durch die Verkäufe deines Buches reich zu werden, muss ich dir an dieser Stelle leider sagen: Vergiss es (außer du heißt mal wieder Stephen King).

Boris Thomas, der Geschäftsführer der Firma Lattoflex und Autor, erhält pro Buch zwischen 60 und 80 Cent. Eines seiner Bücher ist im Verlag ein Longseller, es verkauft sich also seit mehreren Jahren mit guten Stückzahlen. Etwa 6000 Stück davon wurden in den vergangenen fünf Jahren bereits verkauft (Stand Ende 2021). Nun rechne das einmal hoch! Das reicht kaum für die monatliche Leasingrate deines Autos.

Das Geld für Expertenbücher steckt in den meisten Fällen nicht im Verkauf der Bücher, sondern in dem, was du um das Buch herum aufbaust, also in deiner Personenmarke, deinen Produkten, Workshops oder Online-Kursen. Mehr dazu beim Thema Buchmarketing.

Achte auf das Kleingedruckte!

Einen Verlag für dein Buch begeistern zu können, ist etwas Besonderes. Bitte überlege dir aber vorher, ob diese Art der Veröffentlichung wirklich die Richtige für dich ist. Hast du Zeit, einige Monate, vielleicht sogar Jahre auf die Veröffentlichung zu warten? Bist du bereit, den Vorschlägen des Verlages zu Covergestaltung, Buchmarketing etc. zu folgen und die Rechte an deinen Inhalten (je nach Vertrag) abzugeben? Ist es eine deiner Prioritäten, von der Reputation einer Verlagsveröffentlichung zu profitieren? Falls ja, dann versuche auf jeden Fall einen Verlag für dein Werk zu begeistern. Ansonsten bleibt dir das immer beliebter werdende Self-Publishing.

Und hier noch ein abschließender Hinweis: Wenn du denkst, dass ein Verlag das komplette Buchmarketing für dich übernimmt, bist du auf dem Holzweg. Sicherlich wird er dich dabei unterstützen und auch einige Maßnahmen umsetzen, doch für den Verkauf deines Buches bist IMMER auch du selbst verantwortlich.

Self-Publishing

Ein guter Weg, den ich gerne auch meine Autorinnen und Autoren empfehle, ist, ein Exposé samt Probekapiteln und Vita bei einem Verlag einzureichen und währenddessen am Buch weiterzuarbeiten (wobei, auch hier gibt es Ausnahmen, auf die ich nachfolgend noch eingehe). Nach einigen Wochen oder Monaten weißt du dann, ob du einen Verlag für dein Thema begeistern konntest oder nicht. Findest du keinen Verlag, musst du dein Buch nicht in der Schublade vergammeln lassen. Im Gegenteil: das ist aus meiner Sicht das Schlimmste, was du machen kannst. Dein Wissen ist wertvoll und mit deiner Expertise kannst du vielen Menschen weiterhelfen. Vergiss das bitte nie – und veröffentliche dein Buch als Self-Publisher.

Es gibt unterschiedliche Möglichkeiten, dein Buch als Self-Publisher zu veröffentlichen. Je nachdem, welches Ziel du mit deinem Buch verfolgst, bieten sich folgende Varianten an. Als Voraussetzung gilt für alle Varianten: Dein Buch ist fix und fertig geschrieben, lektoriert und korrigiert und evtl. haben es sogar Testleser schon gelesen. Dein Buch hatte eine Ruhephase, du hast es nochmals überarbeitet und es ist perfekt so, wie es ist.

Print-on-Demand

Über einen Print-on-Demand-Dienstleister kannst du nun dein Buch für kleines Geld auf den Markt bringen. Dafür lädst du dein fertiges Manuskript auf einer entsprechenden Plattform (die bekanntesten sind Tredition und Books on Demand, kurz BoD) hoch. Diese Plattformen unterstützen dich auf Wunsch sogar beim Buchsatz oder dem Coverdesign, entweder durch eine integrierte Software oder indem du auf der Plattform nach entsprechenden Dienstleistern suchen kannst. Die Plattformen stellen dir eine ISBN[7] zur Verfügung, die du für die Veröffentlichung deines Buches benötigst, wenn du es im Buchhandel verkaufen möchtest.

Der automatisierte Buchsatz und das vorgegebene Coverdesign funktionieren recht gut, vor allem, wenn du keinen besonders komplizierten Buchsatz haben möchtest (etwa mit Kapitälchen am Anfang jedes Kapitels oder aufwendigen Verzierungen). Es sind Standard-Formate, die für jeden Geschmack und jedes Genre einen anständigen Buchsatz bieten. Selbstverständlich ist dieser Buchsatz nicht vergleichbar mit einem professionell gesetzten Manuskript, aber er ist verwendbar.

Auch dein Cover kannst du mit dem integrierten Coverdesigner selbst entwerfen. Es gibt unterschiedliche Vorlagen, die du nach deinen Wünschen anpassen kannst. Du solltest dir nur bewusst darüber sein, dass tausende anderer Autorinnen und Autoren diese Coverdesigns ebenfalls verwenden. Möchtest du also etwas Einzigartiges, solltest du auf einen Coverdesigner zurückgreifen oder nach einem passenden Pre-Made-Cover Ausschau halten.

Bitte sei an dieser Stelle ehrlich mit dir selbst. Ich habe dir im Kapitel „Cover" schon einige Details verraten, die beim Coverdesign wichtig sind. Doch hast du überhaupt kein Gefühl für Proportionen, Farben oder Gestaltung generell, solltest du das Coverdesign einem Profi

7 Die Internationale Standardbuchnummer (englisch International Standard Book Number, ISBN) ist eine Nummer zur eindeutigen Kennzeichnung von Büchern und anderen selbstständigen Veröffentlichungen mit redaktionellem Anteil, wie beispielsweise Multimedia-Produkten und Software. Quelle: Wikipedia.

überlassen. Für den ersten Eindruck deines Werkes gibt es keine zweite Chance! Schau einfach einmal bei einem Online-Buchhändler nach, wie viele wirklich schlecht gemachte Cover es gibt. Diese Bücher haben keine Chance bei den Käufern, egal, wie gut sie geschrieben sind.

Außerdem, Hand aufs Herz: Du möchtest bei deiner Zielgruppe als Experte wahrgenommen werden. Also sollte der gesamte Auftritt deines Buches, also vom Cover über den Titel, den Buchsatz, den Klappentext und auch das Marketing aus einem professionellen Guss sein. Kunden werden von deinem Buch auf deine Leistung schließen und insbesondere, wenn du hochpreisige Produkte anbieten möchtest, darfst du bei deinem Buch nicht an der falschen Stelle sparen.

Auch ein Print-on-Demand-Buch kann hochwertig gestaltet werden und wird damit deine Personal Brand optimal unterstützen - oder eben auch nicht, wenn du an dieser Stelle versuchst, Zeit und/oder Geld zu sparen.

In meinen Coachings ist der Zeitpunkt bis zur Veröffentlichung immer eine kritische Phase. Die Autorinnen und Autoren haben schon viel Zeit und Herzblut in das Manuskript und die Überarbeitung gesteckt. Nun möchten sie ihr Buch verständlicherweise schnellstmöglich auf dem Markt platzieren. Doch gutes Design inklusive einiger Korrekturschleifen dauert seine Zeit. Das Cover benötigt vielleicht zwei oder drei Bearbeitungsschleifen. Der Klappentext muss geschrieben werden. Die Widmung fehlt noch. Außerdem sollen noch zwei Fotos von den Autoren mit ins Buch und auf die Rückseite. Dafür steht ein längst fälliger Friseurbesuch an. Und, und, und …

Dein Buch ist ein Projekt und je mehr Menschen daran beteiligt sind, dieses Projekt zum Erfolg zu führen, umso mehr Koordinationsaufgaben und Absprachen sind nötig und umso häufiger kommt es zu

Verzögerungen. Dieser Prozess kann ungemein langwierig werden und viele Autorinnen und Autoren werden an dieser Stelle ungeduldig. Das ist absolut nachvollziehbar, nützt aber nichts. Dein Buch soll, wenn es gut läuft, einige Jahre auf dem Markt sein und dir neue Kunden und Interessenten, Aufträge oder Sichtbarkeit bringen. Also kommt es auf zwei, drei oder auch sechs Monate nicht an. Hauptsache, das Endprodukt stimmt – für dich und deine Leser.

Zurück zum Print-on-Demand-Dienstleister:

Sobald du dein Manuskript und deine Cover (entweder vorbereitet durch professionelle Dienstleister oder über die Plattform erstellt) hochgeladen hast, gibst du noch einige Daten ein, die der PoD-Dienstleister benötigt, um dein Buch zu veröffentlichen. Neben deinen persönlichen Daten, wie Name, Anschrift und auch Bankverbindung, kannst du die Namen der beteiligten Personen (also etwa Lektoren, Designer etc.) eingeben. Diese erscheinen auf Wunsch mit im Buch. Das System vergibt automatisch eine ISBN für dein Buch und generiert einen Barcode, der mit auf der Buchrückseite abgedruckt werden muss (schicke sie also ggf. an deinen Designer). Wichtig: Für jede Veröffentlichungsform deines Buches gibt es eine eigene ISBN (also Hardcover/Softcover/E-Book).

Dein Impressum

Schlage einmal ein beliebiges Buch vorne auf und du wirst sehen, dass es immer ein Impressum in den Büchern gibt. Ein Impressum beinhaltet einige Pflichtangaben zum Verlag, zum Autor, einen Hinweis auf das Copyright und Informationen zur ISBN. Welche Angaben im Impressum[8] erscheinen müssen, regelt in Deutschland das Landespresserecht. Damit musst du dich aber in der Regel nicht beschäftigen, denn dein

8 Eine Übersicht über die nötigen Angaben erhältst du im Anhang.

Print-On-Demand-Dienstleister generiert ein rechtsgültiges Impressum für dich, das du kopieren und in dein Manuskript einfügen kannst.

Unbezahlbar: Der Preis für dein Buch

Nachdem du alle erforderlichen Daten erfasst und hochgeladen hast, musst du nun eine wichtige Entscheidung treffen. Was soll dein Buch kosten?

Hierbei musst du berücksichtigen, wie die Veröffentlichung und der Vertrieb bei einem Print-On-Demand-Dienstleister überhaupt funktionieren. Der Charme dieses Systems ist es, dass du dich nach der Veröffentlichung deines Buches um nichts mehr kümmern musst. Der Dienstleister sorgt dafür, dass dein Buch bei den gängigsten Online-Buchhändlern erhältlich ist. Stationäre Buchhändler können dein Buch ebenfalls bestellen und verkaufen. Sobald dein Buch über einen dieser Vertriebswege bestellt wurde, wird es erst gedruckt, daher der Name: Print-on-Demand. Der PoD-Dienstleister übernimmt den Druck, die Logistik und den Verkauf an die Buchhändler. Praktisch, oder? Doch diese Leistungen musst du bzw. müssen deine Käufer natürlich bezahlen.

Hast du alle Daten hochgeladen, kannst du den Preis für dein Buch festlegen. Hierbei gelten unterschiedliche Preise für alle Veröffentlichungsformate. Dein PoD-Dienstleister wird dir jedoch einen Mindestpreis für dein Werk vorschlagen, den du auch nicht verringern kannst. So holt sich der Dienstleister die Kosten, die er für Druck, Logistik und Vertrieb deines Buches hat, wieder herein. Je nachdem, wie aufwendig dein Buchdruck (also, wie viele Farbseiten du im Buch hast) ist, kommen hier schnell hohe Einstiegspreise zusammen.

Um den Endpreis deines Buches zu bestimmen, solltest du einen

Blick auf deine Marktbegleiter werfen. Wie teuer ist ihr Buch im Handel? Rein theoretisch kannst du zwar im Self-Publishing die Preise selbst bestimmen, doch ein 200-seitiges Sachbuch für 79 Euro zu verkaufen ist eher unrealistisch.

Die PoD-Dienstleister berücksichtigen bei der Preisgestaltung alle wesentlichen Faktoren deines Buches, also Umfang, Farbseiten und Veröffentlichungsart und werden dir einen Verkaufspreis vorschlagen. Tredition beispielsweise hat hierfür einen integrierten Rechner, mit dem du ausprobieren kannst, wie sich dein Verdienst pro Buch verändert. Reich wirst du auch hier nicht, die Tantiemen liegen in der Regel zwischen einigen Cent und einigen Euro pro Buch. Viele Farbseiten verteuern den Druck und dein Buch wird sich nicht mehr marktgerecht bepreisen lassen. Achte also unbedingt bei der Erstellung deines Manuskriptes schon darauf, nicht zu viele Farbseiten einzubauen.

Hier ein Beispiel eines Gemeinschaftsprojektes, das ich Ende 2021 veröffentlicht habe:

Gesamtumfang des Buches: 180 Seiten, davon Farbe: 43 Seiten

Verkaufspreis Hardcover:	24,99 Euro
Verdienst im Handel:	0,81 Euro
Verdienst Tredition Buchshop	5,14 Euro
Verkaufspreis E-Book:	12,99
Verdienst im Handel:	2,91 Euro
Verdienst Tredition Buchshop:	8,50 Euro

Du siehst an dieser Auflistung, dass du bei einem Verkauf des Buches über den Handel (on- oder offline) fast nichts verdienst, insbesondere beim Hardcover. Falls Kunden das Buch direkt bei Tredition bestellen, sieht es deutlich besser aus. Warum ist das so? Nun, der Handel möchte natürlich auch mitverdienen und hat Aufwendungen für den Vertrieb, die Bestellung oder sogar den Druck des Buches. All das bezahlst du bzw. die Käufer beim Print-on-Demand-System mit.

Deshalb eignet sich dieses System speziell dann, wenn es dir wichtig ist, dass dein Buch eine ISBN bekommt, überall erhältlich ist und du sonst weder Zeit noch Geld in Logistik und Druck investieren kannst oder möchtest, der Verdienst für dich dabei aber nebensächlich ist.

Mit dem PoD-System gibst du den Vertrieb deines Buches komplett ab, hast also auch keine Übersicht darüber, wer dein Buch kauft und ob es dieser Person gefällt. Du erwirbst Autorenstatus und hast ein veröffentlichtes Buch, das du bewerben und über die gängigen Online-Portale oder Buchhandlungen (bei Bestellung) verkaufen kannst. Doch du hast keinen Überblick, wer dein Buch gekauft hat. Daher eignet sich diese Methode nur bedingt für den Aufbau etwa eines Buch-Funnels (mehr dazu im Kapitel Buchmarketing).

Eigenverlag

Das Print-on-Demand-System kannst du auch verwenden, wenn du einen eigenen Verlag gründest, um dein Buch zu veröffentlichen. Benutzt du die vorherige Variante, wird in deinem Buch der PoD-Dienstleister als Verlag genannt. Tredition bietet allerdings die Möglichkeit, deinen eigenen Verlagsnamen und deine eigene ISBN zu verwenden. Upload und Veröffentlichung funktionieren genau wie im vorigen Kapitel. Was du zusätzlich brauchst, ist deinen eigenen Verlag.

Das hört sich vielleicht gerade wie eine große Sache an, ist es aber nicht. Ich habe im Mai 2020 meinen eigenen Verlag gegründet. Vorher habe ich den Namen meines Verlages (Expertition) schützen lassen, bin zum Gewerbeamt gegangen und habe den Verlag eintragen lassen.

Möchtest auch du deinen eigenen Verlag haben, dann empfehle ich dir, dich umfassend darüber zu informieren, welche rechtlichen und steuerlichen Voraussetzungen du dafür benötigst.

Der Vorteil eines eigenen Verlages liegt aus meiner Sicht darin, dass du den Verlagsnamen des PoD-Dienstleisters nicht verwenden musst, sondern deinen eigenen Namen hineinschreiben kannst. Doch die Wirkung eines kleinen, eigenen Verlages ist selbstverständlich nicht mit der eines Publikumsverlages zu vergleichen und geneigte Leser deines Buches werden schnell feststellen, dass nicht viel „dahintersteckt", wenn sie deinen Verlagsnamen im Internet recherchieren. Auch mein Verlag umfasst bislang nicht viel mehr als nur einen Namen und einige, wenige Veröffentlichungen. Ich biete den Autorinnen und Autoren, mit denen ich zusammenarbeite, gerne an, meinen Verlagsnamen für ihr Buch zu verwenden, und kümmere mich dann als Verlegerin auch um den Kauf und die Vergabe der ISBN und unterstütze beim Buchmarketing. Das ist der Stand Anfang 2022 - wer weiß, was sich noch ergibt?

Viele der großen Coaches auf dem Markt haben ihre eigenen Verlage für ihre Funnelbücher gegründet, vermutlich aus unternehmerischen Gesichtspunkten, um etwa die Buchverkäufe von ihrem Coaching-Business zu trennen. Insbesondere, wenn du Freiberufler bist, musst du darauf achten, dass du durch deine Buchverkäufe nicht deinen Freiberufler-Status verlierst. Doch wie schon geschrieben, lasse dich hier unbedingt von Fachleuten beraten.

Möchtest du nur ein Buch schreiben und veröffentlichen, brauchst du erst einmal keinen eigenen Verlag, sondern kannst gut auf die hier genannten Möglichkeiten zurückgreifen.

Druckerei

Möchtest du dein Buch als Free-Plus-Shipping-Version veröffentlichen, empfiehlt es sich, es direkt drucken zu lassen. Hier hast du den meisten Einfluss auf dein Werk, aber auch die meiste Arbeit. Vom Schreiben über den Buchsatz, das Cover, Impressum, ISBN, Buchmarketing und -vertrieb liegt alles in deiner Hand. Insbesondere, wenn du dein Buch rein zu Vertriebs- und Marketingzwecken verwenden möchtest, empfiehlt sich diese Variante. Dein Buch kannst du schon für kleines Geld bei der Druckerei deines Vertrauens oder alternativ bei einer Online-Druckerei drucken lassen. Die Bücher lässt du dir dann nachhause liefern und verschickst sie an potenzielle Kunden und Interessenten oder verkaufst sie über deinen Büchertisch auf einem Kongress.

Hier ein aktuelles Beispiel zu den Kosten (Online-Druckerei):

50 Bücher, Softcover, Inhalt komplett farbig, ca. 200 Seiten Standardpapier, Druckkosten netto ca. 5,50 Euro/Stück

Dieser Preis variiert stark, je nach Druckerei, Menge und Ausstattung des Buches. Ich möchte dir auch nur aufzeigen, dass du schon für eine überschaubare Summe einige Bücher drucken lassen kannst, die du dann als perfektes Marketingtool einsetzen kannst.

Stelle dir einmal vor, du sitzt bei einem deiner Kunden im letzten Gespräch. Du bist vielleicht Beraterin für Change-Prozesse in Unternehmen. Es geht um die Entscheidung, ob dieser Kunde mit dir zusammenarbeiten wird oder mit deinem Mitbewerber. Du erläuterst also noch mal sämtliche Vorteile deines Programmes und kümmerst dich darum, die Einwände deines Kunden aus dem Weg zu räumen. Kurz bevor du gehst, überreichst du deinem Kunden dein Buch als Geschenk, schön verpackt, mit einer Widmung versehen, mit folgenden Worten: „Sie hatten eben noch eine Frage zur Nachhaltigkeit meiner Schulungen. Dazu finden Sie in Kapitel 7 einige Use-Cases und Kundenstimmen. Viel Freude beim Lesen. Ich freue mich schon auf Ihre Nachricht und eine eventuelle Zusammenarbeit."

Was glaubst du, wer den Zuschlag für dieses Projekt erhalten wird? Vorausgesetzt, dein Buch ist mitreißend geschrieben, sieht professionell aus und die Inhalte sind relevant für deinen Kunden, stehen die Chancen für dich gut, oder nicht? Nutze dein Buch als grandioses Marketingtool.

Für den Druck brauchst du das fertig gesetzte Manuskript inklusive aller notwendigen Angaben samt Cover. Die Angaben, welche Dateiformate benötigt werden, findest du bei Online-Druckereien auf der Webseite.

Eine Druckerei vor Ort wird dich auch gerne noch zu Papiersorten, Druck- und Bindungsversionen beraten. Meist hast du hier deutlich mehr Auswahl als bei einer Online-Druckerei und zusätzlich noch umfangreichen Service. Dafür ist der Druck vielleicht etwas teurer, doch die Ausgabe kann sich lohnen, insbesondere, wenn du noch nicht viel Erfahrung mit Druckprodukten hast.

Egal, für welche Version du dich entscheidest, Print-on-Demand oder Eigendruck, hier ein wichtiger Hinweis:

Bestelle IMMER einen Probedruck vorab!

Das erste Buch, das ich begleitet habe, war fix und fertig gesetzt. Das Cover passte, alles sah prima aus. Im Probedruck waren die Seiten aber komplett verschoben. Jedes neue Kapitel fing auf der linken Seite des Buches an, anstatt auf der rechten. Ich hatte bei der Berechnung der Seitenzahlen einen Fehler gemacht. Hätte ich das Buch ohne Probedruck veröffentlicht, wäre der Kunde vermutlich sauer auf mich gewesen. Durch den Probedruck fiel dieser Fauxpas auf, ich konnte das hochgeladene Manuskript korrigieren, neu formatieren und das Buch so veröffentlichen, wie es aussehen sollte.

Anhand eines Probedruckes erkennst du auch, ob die Papiersorte, die du gewählt hast, optimal ist (dünnes Papier drückt sich schnell durch, insbesondere bei Grafiken), ob die Druckqualität passt und wie das Buch insgesamt aussieht und sich anfühlt. Außerdem solltest du dein Buch noch einmal lesen, selbst dann, wenn es bereits fertig korrigiert wurde. Auf Papier sieht man Fehler häufig besser als auf dem Bildschirm. Und selbst der beste Korrektor findet nicht alle Fehler. Ich kenne kein Buch, dass komplett ohne Fehler ist (sicher auch dieses nicht), und der eine oder andere kleine Fehler ist auch kein Beinbruch. Peinlich wird es immer dann, wenn dein Buch schon auf den ersten Seiten zahlreiche Fehler enthält. Auch wenn du nichts mit der Korrektur zu tun hattest, du bist Autorin oder Autor des Buches und deshalb werden die Leser Rückschlüsse auf deine Person oder Arbeitsweise ziehen. Ein letzter Blick auf das Buch lohnt also auf jeden Fall. Jeder gefundene Fehler ist einer weniger.

Mittlerweile gibt es zahlreiche Versionen von Papiersorten, Bindungen und auch Coverqualitäten. Je aufwendiger, desto teurer der Druck. Achte hier auf Nachhaltigkeit und ein ausgewogenes Preis-Leistungs-Verhältnis. Vielleicht reicht auch ein etwas dünneres Papier ohne Beschichtung und ein normales Cover, anstatt ein Cover mit separatem Umschlag. Doch letztlich gilt hier: Erlaubt ist, was gefällt und was du dir leisten möchtest.

Mit einem gedruckten Buch kannst du auch einen Free-Plus-Shipping-Funnel aufbauen (mehr dazu im Kapitel Buchmarketing). Möchtest du dein Buch häufig versenden (wie bei einem Free-Plus-Shipping-Funnel üblich), solltest du unbedingt auf das Gewicht achten.

Ein paar Seiten und damit Gramm mehr können schon dazu führen, dass du für den Versand einen Euro mehr bezahlen musst. Bei vielen hundert Büchern kann das schnell ins Geld gehen.

Nationalbibliothek

Achte bitte darauf, dass du zwei Exemplare deines veröffentlichten Buches spätestens eine Woche nach Veröffentlichung an die Deutsche Nationalbibliothek senden musst. Dazu gehören auch Bücher, die im Selbstverlag, als Print-on-Demand-Produkt oder sogar nur gedruckt herausgegeben werden (ohne ISBN). Versäumst du die Einsendung, kann dies mit einer Strafe von bis zu 10.000 Euro geahndet werden. Die Deutsche Nationalbibliothek prüft die Eintragungen, die im VLB (Verzeichnis lieferbarer Bücher) vorgenommen wurden, und fordert dich ggf. auf, deiner Einsendepflicht für die Belegexemplare nachzukommen. Die Adressen findest du im Anhang.

Je nachdem, in welchem Bundesland du lebst, musst du auch hier noch separate Exemplare an die jeweilige Landesbibliothek[9] schicken.

9 Die Adressen findest du hier https://bibliotheksportal.de/.

Schritt 11

Buchmarketing – die halbe Miete.

Ein sorgfältig geschriebenes und recherchiertes, lektoriertes und korrigiertes, ansprechend gesetztes Buch mit einem Knaller-Titel und einem Cover, das deiner Zielgruppe förmlich ins Auge springt, hast du nun. Dieses Buch ist der erste Schritt, um deinen Expertenstatus zu untermauern, dir Kunden zu bringen und Aufträge in dein Unternehmen zu spülen. So zumindest die Theorie.

Doch jetzt kommt eine harte Wahrheit: Wenn niemand von deinem Buch weiß, dann wird es niemand kaufen und dein Buch wird nie all die wundervollen Möglichkeiten für dich erschließen, zu denen es in der Lage wäre. Deshalb ist dein Buchmarketing ein essenzieller Punkt auf deiner To-do-Liste, und zwar nicht erst dann, wenn das Buch fix und fertig ist, und völlig gleich, ob du es selbst veröffentlicht hast oder ob es über einen Publikumsverlag erscheint.

Buchmarketing kannst du gar nicht früh genug beginnen. Du solltest sogar schon bevor du den ersten Buchstaben geschrieben hast, deine ersten Marketingaktivitäten starten. Je früher Menschen auf dein Buch und dich aufmerksam werden, umso besser. Hier meine Tipps für dein erfolgreiches Buchmarketing.

Social-Media

Zuerst einmal ist da nur eine Idee. Du willst ein Buch schreiben. Du möchtest deine Geschichten und deine Expertise in die Welt tragen, um andere Menschen zu inspirieren. Warum willst du damit warten, bis dein Buch fertig ist? Fang doch direkt damit an!

Schon bevor du den ersten Satz geschrieben hast kannst, nein, musst du damit beginnen, Reichweite in deiner Zielgruppe aufzubauen. Je mehr Menschen du auf dein Buch aufmerksam machen kannst, desto besser – das sind alles potenzielle Käufer.

Für deine Reichweite kannst du unterschiedlichste Kanäle nutzen. Die Klassiker sind die großen Social-Media-Kanäle, wie Facebook, YouTube, Instagram oder TikTok, aber auch Business-Netzwerke wie LinkedIn und XING.

Achte darauf, welche Zielgruppen du erreichen möchtest und wo diese Menschen online „unterwegs" sind. Für den Anfang empfehle ich dir, dich auf zwei Kanäle zu konzentrieren. Einen eher „privaten" wie Facebook etc. und einen „business-lastigen" wie LinkedIn oder XING. Die Nutzung der Basisfunktionen ist auf allen diesen Portalen kostenfrei und reicht für den Anfang völlig aus.

Erstelle dir im ersten Schritt ein aussagekräftiges Profil – und zwar ein professionelles. „Aber warum ein professionelles? Ich bin doch nur privat auf Facebook unterwegs", das höre ich nach dieser Empfehlung häufig von meinen Autorinnen und Autoren. Doch diesen „Zahn der Privatheit" möchte ich dir gerne ziehen. Sobald du ein Buch schreibst, auf dem dein Name prangt, gibt es kein „privates" Profil mehr von dir. Dein Name wird in der Öffentlichkeit sein, dein Bild wird in der

Tageszeitung gezeigt, vielleicht kommst du sogar ins Fernsehen oder wirst zu Podcast-Interviews eingeladen. Bist du dann in allen diesen geschäftlichen Situationen eine andere Person? Legst du deine Privatpersönlichkeit ab, wenn du morgens deinen Rechner hochfährst? Bist du beruflich und privat zwei Personen?

Als ich in meine Selbstständigkeit gestartet bin, dachte ich ebenfalls, ich müsste privat und beruflich auf Social-Media strikt trennen. Ich legte auf Facebook einen neuen „Business-Account" an mit einem professionellen Bild und vielen schlauen Sprüchen. Jedes Bild, das ich hochlud, bearbeitete ich bis zur Unkenntlichkeit. Filter hier und Filter dort, komische Posen, Blazer, Bluse und aufgesetztes Zahnpastalächeln. Dazu ein schlaues Zitat von irgendeinem großen Namen. War ich unterwegs zu Kunden, gab es natürlich Bilder davon mit den Hashtags #ontour #lovemyjob. Bilder aus meinem Homeoffice gab es nicht. Alles sollte nach außen perfekt aussehen und, glaube mir, nichts ist mehr von Perfektion entfernt als die „Ordnung" auf meinem Schreibtisch...

Aber war das ich? Nicht jeder Tag läuft bei mir gut. Manchmal gibt es Tage, da möchte ich mir die Decke über den Kopf ziehen, wenn morgens um kurz nach sechs der Wecker klingelt. Da möchte ich nicht mehrere Stunden mit dem Auto zu einem Kundentermin fahren (wann kommt endlich das autonome Fahren ...?). Da möchte ich lieber zuhause in Jogginghosen auf dem Sofa herumgammeln, anstatt mich anzuziehen und einen Vortrag zu halten. Habe ich deshalb den falschen Job? Im Gegenteil. Denn es gibt auch die genialen Tage, und die überwiegen absolut. Da freue ich mich darauf, auf der Bühne zu stehen und Menschen zu inspirieren, ihre Bücher zu schreiben, da steige ich schwungvoll in mein Beetle-Cabrio, öffne das Verdeck und drehe die Musik laut auf oder schmeiße mich in ein schickes Outfit, um die nächste Netzwerkveranstaltung zu rocken. Ich denke, es ist menschlich, nicht jeden Tag gleich gut „drauf" zu sein. Und genau das möchten deine Fans, Follower und Freunde auf Social-Media sehen. Dich!

Wichtig ist für Social-Media, dass du dich zeigst, so wie du bist, mit all deinen Facetten, Herausforderungen und Mindfucks, aber auch mit deinen genialen Ideen, Inspirationen und Storys. Zeige dich als Mensch - so, wie du bist.

Vielleicht klapperst du jetzt mit den Zähnen und hast Angst davor, genau das zu tun. Auch ich habe mir anfangs ins Hemd gemacht und bin tausend Tode gestorben, wenn ich bei manchen meiner Beiträge oder Bilder auf „posten" gedrückt habe. Ich wartete auf den Shitstorm und sah im Geiste schon die negativen Kommentare unter meinen Beiträgen hereinprasseln: „Wie sieht die denn aus? Hat die nichts Besseres zu tun? Wie kann sie nur so was schreiben? Ist die bescheuert? Und erst die Haare..."

Ist das jemals passiert? Nein, bis heute nicht. Gelegentlich gibt es einen Troll, der versucht, mich aus der Reserve zu locken, doch das ist die Ausnahme. Die Regel ist, dass Menschen sich durch meine Posts inspiriert fühlen, Dinge für sich mitnehmen und sich vielleicht danach trauen, auch authentisch zu posten.

Je eher du also anfängst, dich so zu zeigen, wie du bist, umso schneller werden Menschen sich mit dir verbinden, dir folgen und vor allem dir vertrauen. Vertrauen ist unglaublich wichtig, wenn du etwas verkaufen möchtest. Überlege einmal, wem du in deinem Leben, egal ob privat oder beruflich, vertraust. Sind das eher Personen, die du vorher noch nie gesehen hast? Oder ist es eher jemand, denn du schon länger kennst, von dem du einiges weißt, den du authentisch und nahbar findest?

Genau das ist dein Ziel - eine solche, vertrauenswürdige Person für jemand anderen zu werden. Denn letztlich möchtest du etwas verkaufen, und zwar dein Wissen und deine Geschichte. Zuerst in einem Buch, dann vielleicht in einem Coaching. Ganz egal, welches Ziel du mit dem Buch hast, zuerst einmal müssen deine Leser es dir abkaufen, und zwar nicht nur das Buch, sondern auch, dass es sich lohnt, Zeit und Geld in dieses Buch zu investieren - Geld, um es zu erwerben und Zeit, um es zu lesen.

Warum kaufst du Bücher? Ich kaufe Titel häufig, weil sie mir empfohlen wurden oder weil ich den Autor oder die Autorin kenne oder weil ich hoffe, dass diese Person wertvolles Wissen hat, das mir weiterhelfen kann. Vertrauen führt dazu, dass mir schon vorher bewusst ist, dass meine Investition sich lohnen wird.

Noch vor einigen Jahren hatten wir nicht die vielfältigen Möglichkeiten, die Social-Media uns heute bieten. Wenn ich ein Buch kaufen wollte, bin ich in die Buchhandlung meines Vertrauens gegangen und habe mich beraten lassen. Vielleicht bin ich auch über ein ansprechendes Cover oder einen spannenden Klappentext zum Kauf gelangt, doch meist habe ich von irgendjemandem gehört, dass „dieses Buch sich lohnt".

Heute gibt es über Social-Media tausendmal mehr Möglichkeiten, deine Zielgruppe zu erreichen. Du brauchst keine aufwendigen Zeitungsanzeigen mehr zu schalten oder zu versuchen, den Redakteur deiner Lokalzeitung zu überzeugen, einen Bericht über dich zu schreiben (obwohl das nach wie vor empfehlenswert ist; dazu später mehr). Du kannst mit einem Klick tausende von Menschen aus deiner Zielgruppe erreichen, und das 24 Stunden am Tag, sieben Tage die Woche. Ist das nicht genial? Nutzt du Social-Media als Autorin oder Autor nicht, ist das aus meiner Sicht sträflich. Selbst dann, wenn du niemand bist, der sich gerne in der Öffentlichkeit zeigt, gibt es Möglichkeiten, deine Zielgruppe zu erreichen.

Möchtest du dich partout nicht zeigen, dann schreibe spannende Texte. Poste Bilder von deinem Buch, deinem Arbeitsplatz, deinen Haustieren. Zeige dich als Mensch, entweder vor oder eben hinter der Kamera.

Bitte überlege auch genau, was deine Zielgruppe sehen möchte. Hier muss ich leider bezüglich der Authentizität eine Einschränkung machen. Möchtest du mit deinem Buch hauptsächlich Unternehmer ansprechen, ist es kontraproduktiv, wenn du ausschließlich Bilder von dir postest, wie du betrunken auf einem Festival herumgrölst und dich im Schlamm wälzt. Möchtest du Veganer erreichen, wäre es unangebracht, dein letztes 300 Gramm Flank Steak, medium rare, ohne Beilagen zu posten. Denke daran: Du bist ein Profi! Also zeige dich als Profi. Eine Mischung aus Selfies, professionellen Porträts, Informationen zu dir und deinen Produkten, deinem Unternehmen oder deinen Dienstleistungen und Bilder oder Texte, die dich als Mensch nahbar (und trotzdem als Profi) zeigen, sind optimal.

Zwar rate ich dir, dich authentisch zu zeigen, doch dieses Zeigen hat auch Grenzen. Wenn es für dich noch nicht greifbar ist, wie du diesen Spagat zwischen Nahbarkeit und Professionalität schaffen sollst, hilft dir vielleicht folgende Überlegung: Was könnte dieser Post bei einem potenziellen Neukunden bewirken?. Zeigst du dich ungekämmt aus dem Bett oder betrunken auf einer Party - okay, deine Entscheidung. Oder äußerst du dich kritisch zu gesellschaftlichen oder politischen Themen - ebenfalls deine Entscheidung. Sei dir allerdings bewusst, dass du damit Kunden anziehen und abstoßen wirst. Nichts, was du tust, verfehlt seine Wirkung.

Der Grat zwischen Authentizität und Professionalität ist schmal. Starte also vorsichtig, probiere aus, womit du dich wohlfühlst, wie die Reaktionen darauf sind, und dann werde gerne mit der Zeit immer mutiger.

Für dein Buch bedeutet das: Nutze die Reichweite, die du optimalerweise schon vor deinem Buchprojekt aufgebaut hast (oder, wenn du sie noch nicht hast, triff die Entscheidung, dass du ab sofort damit beginnst), dafür, dein Buchprojekt vorzustellen. Lasse deine Follower daran teilhaben, dass du planst, ein Buch zu schreiben. Frage sie, welche Buchthemen sie interessieren würden. Lasse sie Fragen stellen. Beziehe sie in deinen Schreibprozess mit ein. Kommuniziere offen deine Fortschritte (das setzt dich auch sanft unter Druck) und gib ehrlich zu, wenn es einmal nicht flüssig läuft. Hole dir Inspiration von deiner Zielgruppe, sooft du kannst! Das, was du im Kopf hast, ist nicht unbedingt das, was deine Leser von dir haben wollen. Sei also nah an deinen Lesern und nimm sie mit auf deine Buchreise.

Hast du schon etwas geschrieben, kannst du kleine Auszüge zusammenfassen oder Inspirationen dazu posten. Du kannst dein Coverdesign von deiner Community bewerten lassen oder um Titelvorschläge bitten. Später kannst du Buchverlosungen durchführen, Lesungen anbieten oder deine Community bitten, Fotos mit deinem Buch zu posten und dich zu verlinken. Oder du startest eine Buch-Veröffentlichungsparty und lädst deine Top-Follower dazu ein, dich persönlich kennenzulernen.

Achte darauf, dass du plattformspezifisch postest:

Auf Facebook, Instagram und TikTok möchten Menschen unterhalten und inspiriert werden. Sie wollen gute Laune haben, nachdem sie deinen Post gelesen haben. Je mehr Menschen auf deine

Inhalte reagieren, umso eher erzielst du damit eine größere Reichweite. Versuche also, deine Follower bei der Stange zu halten. Übrigens, nicht nur deine Follower sind wichtig, auch der Algorithmus der Plattformen, der darüber entscheidet, ob deine Posts, Bilder, Videos oder Texte überhaupt ausgespielt werden. Leider ändert sich dieser permanent, sodass ich hier keine Tipps abgeben möchte, was du wann am besten postest, um die größte Reichweite zu erzielen. Jedoch gilt in jedem Fall: Social-Media-Marketing ist ein Marathon und kein Sprint. Erwarte also nicht, dass du im ersten Monat mit zwei oder drei Posts schon eine riesige Menge Menschen auf dich aufmerksam machst. Bleib dran und poste regelmäßig Inhalte, die für deine Zielgruppe relevant sind.

LinkedIn und XING sind Business-Plattformen. Hier solltest du keinen allzu privaten Content posten (auch wenn mittlerweile immer häufiger auch sehr persönliche Inhalte dort veröffentlicht werden). Auch hier ist Balance und vor allem Relevanz wichtig. Du darfst dich ausprobieren und testen, was bei deiner Zielgruppe gut ankommt. Sind es Umfragen? Text-Posts oder eher Videos? Welche Bilder werden oft „geliked"? Wann kommentieren die Menschen?

An dieser Stelle noch eine harte Wahrheit über Social-Media: Die meisten Menschen interessiert nicht die Bohne, was du tust, wie du aussiehst und welches Mittagessen du hattest. Sie möchten nur wissen, was sie von deinen Posts mitnehmen können, oder sie möchten nach dem Lesen deines Posts ein gutes Gefühl haben. Erfüllst du diese Ansprüche, nutzt zu Social-Media perfekt für dich. Selbstdarsteller, die bei ihren Posts ihre Zielgruppe nicht im Blick haben, sind überwiegend schnell wieder weg vom Fenster. Überlege, was du geben kannst, und dann habe Geduld. Der „Return on Investment", in diesem Fall an Zeit und Hirnschmalz in deine Social-Media Posts und Präsenz, wird früher oder später kommen.

Social-Media-Marketing noch einmal kurz und knapp zusammengefasst:

- Suche die passenden Plattformen.
- Hole dir ggf. Unterstützung beim Aufbau deines Profils. Profis lernen von Profis!
- Bespiele die Plattformen regelmäßig mit zielgruppenspezifischem Content und baue dir damit Reichweite auf. Sei authentisch, aber achte immer auf deine Außenwirkung.
- Lasse deine Community an deinem Buchprojekt teilhaben – von der ersten Minute an.
- Bleib dran.

Webseite

Wenn du als Coach, Trainer oder Berater tätig bist, ein Unternehmen führst oder Freiberufler bist, hast du vermutlich eine Webseite. Deine Webseite ist optimalerweise so aufgebaut, dass potenzielle Interessenten schnell erfassen können, was du ihnen anbietest und warum sie ausgerechnet dich kontaktieren sollten. Größtenteils wird die Webseite einmal erstellt, für mehr oder weniger Geld und Aufwand, und fristet dann ein stiefmütterliches Dasein. *Man* braucht sie halt. Sie ist wie eine Visitenkarte im Netz.

Mittlerweile haben Landing-Pages Webseiten zum Teil abgelöst. Je nachdem, welche Kundengruppe mit welchem Angebot angesprochen werden soll, werden Unterseiten oder Landing-Pages eingerichtet, die nur einem Zweck dienen: Die Besucher sollen eine bestimmte Aktion ausführen. Das kann die Eintragung in ein Kontaktformular sein, die Anmeldung zu einem Newsletter oder Webinar, manchmal auch ein direkter Kauf eines niedrigpreisigen Produktes.

Auch einen Funnel (englisch für Trichter) baust du vorwiegend über eine Landing-Page auf.

Ich bin kein Webdesigner und auch kein SEO[10]-Spezialist, daher kann ich dich nicht dazu beraten, wie du deine Webseiten oder Landing-Pages aufbauen sollst. Die Texte auf Landing-Pages beispielsweise folgen meist einem ausgeklügelten System, das Interessenten dazu bringen soll, genau das zu tun, was die Seite bezweckt.

Auch deine Webseite kann, zielgruppengerecht gestaltet, dazu führen, dass Menschen sich bei dir melden, um deine Leistungen oder Produkte anzufragen. Es lohnt sich also definitiv, diesem Thema etwas Aufmerksamkeit zu widmen und einen Profi heranzuziehen, der dich berät, welche Inhalte auf deine Webseite gehören, und der optimalerweise auch die Umsetzung für dich übernimmt. Achte darauf, dass eine Webseite (und auch Landingpage) regelmäßige Pflege benötigt. Vielleicht möchtest du gelegentlich einen Text oder ein Bild austauschen, ein besonderes Angebot platzieren oder eine Verlinkung ändern. Mittlerweile gibt es zwar reichlich Webseiten-Hosting-Anbieter, die Software einsetzen, mit der du diese Dinge auch selbst umsetzen kannst, doch hast du überhaupt keine Affinität zum Thema, gib die Gestaltung und Umsetzung sowie Pflege lieber ab und konzentriere dich auf deine Kernkompetenzen.

Zum Start in meine Selbstständigkeit wollte ich alles selbst machen. Webseite, E-Mail-Programm, Buchhaltung, Gestaltung von Flyern, Visitenkarten, Kundenakquise, Erstgespräche und nebenher noch Aufträge erledigen. Und ich kann diese Dinge auch alle (leidlich gut) umsetzen, vieles davon habe ich während meiner langjährigen Tätigkeit

---

10 Suchmaschinenoptimierung – englisch Search Engine Optimization (SEO) – bezeichnet Maßnahmen, die dazu dienen, die Sichtbarkeit einer Webseite und ihrer Inhalte für Benutzer einer Websuchmaschine zu erhöhen.

in Vertrieb und Marketing täglich bearbeitet und es macht mir auch viel Freude. Doch schnell war meine Zeit durch diese „Nebensachen" ausgefüllt. Zwar hatte ich einen schicken Flyer und eine durchdesignte Visitenkarte, aber keine Zeit mehr für Akquise. In der kommenden Woche erledigte ich ein Projekt für einen Kunden, kam aber dafür ebenfalls wieder nicht zur Akquise. Meine Webseite dümpelte viele Wochen vor sich hin, denn ich kam nicht dazu, die Texte zu schreiben und mich einzuarbeiten, welche „Cookie-Banner" ich benötige. Lange Zeit ging das so weiter. Ich machte alles selbst, teilweise mehr schlecht als recht, bis ich irgendwann keine Lust mehr hatte auf 16-Stunden-Tage. Ich überlegte also: Was konnte ich auslagern? Woran hatte ich keine Freude? Und was machte mir zwar Freude, gehörte aber nicht zu meinen Kernkompetenzen, also denjenigen Dingen, die mir Umsatz brachten?

Schnell waren einige Bereiche gefunden: Buchhaltung, Steuer, Webseite und Vorabgespräche mit neuen Interessenten. Diese Dinge konnte ich problemlos auslagern. Allerdings tat mir diese Entscheidung anfangs förmlich weh. Noch verdiente ich nicht so viel, wie ich gerne verdienen würde und jetzt sollte ich auch noch andere Leute für etwas bezahlen, das ich auch selbst machen konnte? Doch es half nichts, so wie bislang konnte es nicht weitergehen. Also wagte ich den entscheidenden Schritt und lagerte Aufgaben aus - und das empfehle ich dir auch: Tätigkeiten, die nicht einkommensproduzierend sind, dir also Kunden oder Umsatz bringen, solltest du kritisch analysieren. Musst du sie überhaupt erledigen? Falls ja, kann jemand anderes sie für dich erledigen? Lassen sie sich eventuell automatisieren?

Deine Webseite ist wahrscheinlich eines von diesen Dingen. Sie ist zwar ein „Muss", doch wenn du kein Webdesigner bist, dann benötigst du viel mehr Zeit, dich selbst in alles einzuarbeiten, als ein Profi dafür benötigt. Die Zeit, die du sparst, verwendest du für diejenigen Dinge, die niemand für dich übernehmen kann. Das Ergebnis? Deine Webseite UND Zeit für deine Kernkompetenzen.

Häufig werde ich gefragt, ob man als Autorin oder Autor eine separate Autorenwebseite benötigt. Ich meine: Nein, außer du schreibst viele Bücher und möchtest diese auf einer separaten Webseite präsentieren und nicht in Kombination mit deinen sonstigen Angeboten. Auf jeden Fall solltest du dein Buch auf deiner Webseite erwähnen, spätestens dann, wenn es fertig ist. Besser ist es, auch schon während des Entstehungsprozesses deines Buches einen Vermerk auf deiner Webseite unterzubringen. Hast du den Titel und ein vorläufiges Cover, dann stelle ein „Mockup"[11] von deinem Buch ein oder ermögliche Webseitenbesuchern, es vorzubestellen.

Blogbeiträge

Du schreibst gerne und hast neben der Arbeit an deinem Buch auch noch Lust dazu, noch mehr zu schreiben? Prima. Dann lasse deine Webseitenbesucher am Buchentstehungsprozess teilhaben, indem du regelmäßig Blogbeiträge verfasst, die du dann auf deinen Social-Media-Profilen teilst. Der Vorteil eines Blogbeitrags liegt daran, dass du ihn länger gestalten kannst, als reine Social-Media Posts. Schreiben kannst du über alles, was dir einfällt: Wie du schreibst, wann du schreibst, darüber, dass du eine Schreibblockade hattest, darüber, dass du dein Buch in der Toskana schreibst oder wie du versuchst, in deinem stressigen Alltag dein Buchprojekt unterzubringen. Erlaubt ist, was gefällt, deine Leser inspiriert und auf dein Buchprojekt aufmerksam macht.

Im Grunde genommen ist ein Blog nichts anderes als ein öffentlich lesbares Tagebuch. Lasse deine Leser an deiner Gedankenwelt

11 Mockups sind fotorealistische Bilder, die dein Design zeigen, wie es in der Realität aussehen könnte.

teilhaben, biete Inspirationen und fordere zur Interaktion auf, wenn es thematisch passt. So wird dein Blog dafür sorgen, dass deine Zielgruppe schon frühzeitig auf dein Buch aufmerksam wird und es höchstwahrscheinlich kauft, sobald es fertig ist.

Dein Buchfunnel

Wahrscheinlich hast du schon einmal von sogenannten „Free-plus-Shipping"-Büchern gehört. Dirk Kreuter, die Baulig-Brüder oder auch Hermann Scherer und viele weitere Coaches, Trainer oder Berater verschenken ihre Bücher in einem solchen Modell gegen einen meist nur sehr geringen Kostenbeitrag für die Versand- und Verpackungskosten. Um an ein solches Buch zu gelangen, musst du meist auf einer Landing-Page deine Kontaktdaten eintragen. Wenige Tage, nachdem du das Buch erhalten hast (oder schon vorher), erhältst du dann Mails von den Autoren. Zuerst versorgen sie dich mit weiterführenden Informationen zum Buch, laden dich auf ein kostenfreies Webinar ein oder haben weiterführende Downloads für dich. Irgendwann, einige Mails später, ist es dann soweit und du bekommst Angebote für Produkte, Workshops oder Seminare. Du bist in einem Buchfunnel gelandet.

Zahlreiche Bücher in meinem Bücherregal sind solche Funnelbücher und viele davon sind sorgfältig geschrieben und recherchiert und bieten ausgezeichneten Mehrwert. In den Büchern findest du häufig Links zu weiterführenden Produkten oder Informationen des Autors oder der Autorin und ich finde das völlig legitim. Schließlich bekommst du ein Buch gewissermaßen geschenkt, und wenn du ein solches Buch bestellst, sollte dir bewusst sein, dass die Autoren damit verkaufen wollen. Doch nun zur Frage aller Fragen: Wie verdienen sie damit Geld?

Beispielfunnel

Ein klassischer Buchfunnel sähe wie folgt aus:

Einstiegsprodukt Buch 6,90 Euro

Zuerst folgt das niedrigpreisige Einstiegsprodukt, hier das Buch als „Free-plus-Shipping"-Modell. Über eine Landingpage erfährst du, warum du dieses Buch kaufen solltest und wer die Autoren sind. Über die Landingpage wirst du größtenteils zu einem Zahlungsanbieter wie Digistore oder Copecart weitergeleitet, über den der Kauf des Buches erfolgt. Für den Kauf gibst du deine Kontaktdaten an.

Eventuell Upsell Hörbuch 12,90 Euro

Da viele Menschen zwar gerne Bücher lesen, aber noch viel lieber Hörbücher hören, bieten manche Autoren direkt auf der Verkaufsseite ein Hörbuch zum Download an. Hier erfolgt der erste „Upsell". Für einen kleinen Betrag von 12,90 Euro (oder ähnlich) kannst du dir ein Hörbuch sichern. So erzielt der Autor bereits Umsatz mit einem Downloadprodukt.

E-Mail-Serie

Nach dem Kauf des Buches erhältst du in regelmäßigen Abständen E-Mails des Autoren. Diese dienen dem Vertrauensaufbau. Oft bekommst du in diesen Mails weiterführende Angebote zum Buch, etwa ein Video, einen kostenfreien Workshop oder ein Workbook zum Download. Die Autoren geben erst einmal viele Inhalte kostenfrei heraus, um dich zu informieren, aber auch, um dir etwas zu schenken. Etwas schenken? Ja tatsächlich!

Vielleicht hast du in diesem Zusammenhang schon einmal den Begriff „Reziprozität" gehört. Dieser Begriff bedeutet Gegenseitigkeit und beschreibt ein einfaches, zwischenmenschliches Phänomen: Tust du mir etwas Gutes, tue ich dir etwas Gutes, also (positiv gemeint), wie du mir, so ich dir. Mit den Geschenken verfolgen die Autoren also den Zweck, dich auf den Kauf eines Produktes vorzubereiten. Du bekommst einige Zeit kostenfreie Inhalte und Mehrwert, sodass du irgendwann bereit bist, etwas zu kaufen, schließlich hast du bereits ein oder mehrere Geschenke (das Buch und kostenfreies Wissen) erhalten.

Ist diese Vorgehensweise nun verwerflich? Ich meine: Nein. Schließlich hast du es selbst unter Kontrolle, die Mails jederzeit abzubestellen, die Inhalte nicht zu konsumieren und dich nicht zu einem weiterführenden Kauf zu entscheiden. Diese Art des Verkaufs funktioniert einwandfrei und ich finde, du solltest sie für dein Buch unbedingt berücksichtigen, wenn dein Ziel primär Kundengewinnung und Umsatz ist. Du ziehst niemanden über den Tisch (vorausgesetzt, dein Buch ist nicht völlig inhaltsleer und nur darauf aus, Mailadressen einzusammeln,), gibst dein wertvolles Wissen preis und möchtest irgendwann Kunden gewinnen, um ihnen dabei zu helfen, ihre Ziele zu erreichen. Da du, wie wahrscheinlich die meisten Coaches, Trainer oder Berater und auch Unternehmen, nicht täglich persönlich im Fernsehen erscheinst oder dauerhaft, sehr intensiven Kontakt zu deinen potenziellen Kunden hast, beispielsweise indem du sie täglich anrufst, müssen diese Menschen erst einmal von dir erfahren. Wie sollen sie wissen, dass es dich gibt, wenn du dich nicht zeigst? Also nutze die Macht, die ein Buch und insbesondere ein Funnelbuch bieten.

Angebote und Upsells

In den Mails, die du erhältst, folgen irgendwann kostenpflichtige Angebote. Vielleicht leiten sich dich auf zu einem kostenfreien Workshop, an dessen Ende dann auf ein kostenpflichtiges, weiterführendes Seminar verwiesen wird. Meist steigern sich die Preise dieser Angebote langsam, aber stetig. Das erste Wochenendseminar erhältst du noch zum Schnäppchenpreis von 97 Euro. Danach folgt eine Drei-Monats-Challenge für 997 Euro und das abschließende Jahresprogramm gibt es in der Silber-, Gold- oder Platinausführung und es kostet beispielsweise zwischen 3.000 und 25.000 Euro, wobei die Summen nach oben offen sind.

Mit zunehmendem Preis verringert sich die Anzahl an Kunden, die kaufen. Während das Buch für 6,90 Euro vielleicht noch 1.000 Kunden kaufen, schlagen beim Hörbuch noch 100 Menschen zu. Aus der E-Mail-Serie gewinnst du nochmals 200 Kunden für das Wochenendseminar, daraus entstehen 40 Teilnehmer an der drei Monats-Challenge und daraus wiederum 5, die ein Jahresprogramm für jeweils 12.000 Euro kaufen. Lass uns einmal zusammenrechnen:

Buch	1.000 x 6,90 Euro	6.900 Euro
Hörbuch:	100 x 12,90 Euro	1.290 Euro
Wochenendseminar	200 x 97 Euro	19.400 Euro
3-Monats-Challenge	40 x 997 Euro	39.880 Euro
Jahresprogramm	5 x 12.000 Euro	60.000 Euro

Insgesamt hat dieser Buchfunnel Umsätze in Höhe von: 127.470 Euro generiert.

Natürlich musst du hiervon einige Kosten abziehen. Die Seminare kosten Geld, die Buchproduktion und der Versand kosten Geld und auch die Vorbereitung der Challenges und Mentorings kosten Geld. Trotzdem wird bei der obenstehenden Summe höchstwahrscheinlich etwas für dich „übrigbleiben".

Stelle dir jetzt im Gegenzug vor, du bekommst für ein Buch bei einem Verlag Tantiemen in Höhe von 1,00 Euro pro verkauftem Buch und verkaufst 1.000 Bücher. Du weißt allerdings nicht, wer diese

Bücher gekauft hat, kannst diese Personen nicht über weiterführende Angebote informieren bzw. nur hoffen, dass sie sich deine Webseite ansehen, deren Adresse du im Buch abgedruckt hast. Zwar hast du 1.000 Bücher verkauft, ansonsten hast du allerdings keine weiteren Verdienstmöglichkeiten aus dem Buch generiert.

Du siehst, wie wichtig es ist, deine Ziele für dein Buch von Anfang an klar vor Augen zu haben. Überlege gründlich, welche Art Buch für deine Zwecke am besten geeignet ist und, ob du ein Verlagsbuch benötigst. Ein solches Buch hat natürlich seine Berechtigung, beispielsweise um Reputation aufzubauen. Doch für die Kundengewinnung kann ein Funnelbuch besser geeignet sein. Möchtest du einen solchen Funnel aufbauen, gibt es mittlerweile zahlreiche Anbieter für den Aufbau von Landingpages, den E-Mail-Sequenzen und auch der dahinterliegenden Logistik. Überlege hier vorab, was du selbst übernehmen kannst und möchtest und was du lieber in die Hände von Profis gibst.

Ein Funnel-Buch kannst du nicht nur über eine Landingpage verkaufen, sondern auch über deine Webseite, Social-Media-Posts und Anzeigen oder auch über eine Amazon-Strategie. Es gibt unzählige Möglichkeiten, die du exakt auf deine Buchziele abstimmen solltest, um damit maximalen Erfolg zu erzielen.

Pressearbeit

Völlig unterschätzt wird Pressearbeit. Viele Expertinnen und Experten verlassen sich heutzutage auf ihre Social-Media-Präsenz, ihre Blogbeiträge oder auch Empfehlungen und vergessen Pressearbeit völlig. Dabei können durch eine gezielte Meldung grandiose Ereignisse ihren Lauf nehmen...

Ich war Mitte 2020 bei einem Seminar von Hermann Scherer, dem Gold-Programm. In vier Tagen durfte ich mehrfach auf der Bühne vor allen Anwesenden einen Vortrag halten, wurde im Fernsehen interviewt, nahm einen Podcast auf und konnte mit gleichgesinnten Menschen in den Pausen netzwerken. Es gab Input zum Thema Positionierung als Experte, Aufbau von Vorträgen und wie man seine Personenmarke aufbaut. Ich war wirklich beeindruckt: So viele Menschen, die alle enorm motiviert auf der Bühne standen, Menschen, die vorwärtsgehen wollten und dafür sogar bereit waren, ihren Schweinehund zu überwinden! Das kannte ich aus meinem Angestelltenverhältnis überhaupt nicht. Wow.

Zum Ende der Veranstaltung erhielt ich einen Award für meine Leistungen. Sonntags früh fuhr ich nach einer kurzen Nacht noch voller Adrenalin nachhause und schrieb sofort eine Pressemeldung, die ich noch sonntags Abend an die Redaktion unserer Lokalzeitung abschickte. Die Überschrift der Meldung lautete: „Wipperfürtherin holt Excellence Award", ich war stolz wie Oskar. Einige Tage später meldete sich einer der Redakteure bei mir. „Herzlichen Glückwunsch zum Award. Wir würden gerne einen Artikel über Sie und Ihre Arbeit in der Zeitung bringen. Sie haben einen spannenden Beruf." Ich traute meinen Ohren nicht! Jemand wollte über mich schreiben? Waaaas? Doch es kam noch besser. Der Redakteur kam einige Tage später mit einem Fotografen zu mir, fragte mich einige Dinge zum Ghostwriting und kurz danach erschien der Artikel. Daraufhin meldeten sich einige Interessenten bei mir und ich führte zahlreiche Gespräche, aus denen auch ein Auftrag entstand.

Etwa sechs Wochen später klingelte mein Handy. Eine Dame des WDR-Fernsehens war am Apparat, die mir sagte, dass sie den Artikel in der Lokalzeitung gesehen hatte und gerne einen Bericht über mich drehen würde. Ich wusste zuerst gar nicht, was ich sagen sollte, überlegte dann aber nicht lange, schluckte, straffte die Schultern und sagte dann schnell zu.

Das alles war schon aufregend, das muss ich gestehen. Schon kurze Zeit später wurde der Bericht gedreht. Er zeigt mich in verschiedene Situationen. So wurde auch einer meiner Kunden interviewt und die Journalistin kam sogar zu mir nachhause, um zu sehen, wie ich arbeite. Es war ein wunderbarer Tag und ich hatte sehr viel Freude an den Dreharbeiten. Kurze Zeit später erhielt ich die Information, wann der Beitrag gesendet werden sollte. Ich war unfassbar gespannt denn eider konnte ich den Beitrag nicht vorher begutachten, würde ihn also bei der Ausstrahlung das erste Mal sehen. Ungefähr zwei Wochen vor dem Ausstrahlungstermin erhielt ich erneut einen Anruf. „Würden Sie live in die Lokalzeit kommen? Wir möchten Ihren Beitrag zeigen und Sie noch kurz dazu interviewen." Ich sollte live in die Lokalzeit des WDR kommen? Nach kurzem Zögern antwortete ich: „Äh, ja, sehr gerne …!" Insgeheim aber schlotterten mir die Knie. Ich sah im Internet nach: Die Lokalzeit, zu der ich eingeladen war, hat allabendlich etwa 500.000 Zuschauerinnen und Zuschauer. Okay, dachte ich mir, einfach nicht darüber nachdenken… Trotzdem, die Nacht vor dem Interview habe ich nicht viel geschlafen …

Das Interview lief super und auch der Beitrag war genial. So wurde also aus einer simplen Pressemeldung ein Fernsehauftritt. Noch heute rufen mich Menschen an und sagen: „Ich habe Sie damals in der Lokalzeit gesehen, ich habe da eine Frage zu meinem Buch …"

Unterschätze also bitte nie die Chancen, die sich durch Pressearbeit ergeben können!

Weißt du selbst, wie du eine Pressemeldung schreibst (dafür gibt es auch zahlreiche Informationen im Internet), dann kannst du sie entweder direkt an die Zeitungsredaktionen senden oder ein Presseportal wie openpr.de oder firmenpresse.de nutzen. Lade deine Pressemeldung samt der erforderlichen Zusatzinformationen zu dir und deinem Unternehmen auf dem Portal hoch, füge möglichst ein professionelles Bild (oder in Falle deines Buches ein Mockup) bei und verfolge, wo deine Meldung veröffentlicht wird.

Ich empfehle dir, zweigleisig zu fahren, also deine Meldung sowohl an deine lokalen Redaktionen oder direkt an die Zeitungsredaktionen zu senden und zusätzlich ein Portal zu nutzen.

Wird deine Meldung über die Portale veröffentlicht, unterstützt dies deine Auffindbarkeit über Suchmaschinen auch dann, wenn es keine „reguläre" Veröffentlichung in einer Zeitung oder Zeitschrift ist.

Achte bei der Pressemeldung darauf, dass du nicht zu werblich schreibst. Informiere die Leserinnen und Leser sachlich über die Veröffentlichung deines Buches und auch über dich als Autorin oder Autor. Für wen ist das Buch? Wann wird es veröffentlicht? Wo kann es erworben werden? Gibt es eine Sonderaktion zur Veröffentlichung? Hast du schon vor der Veröffentlichung Kontakt zu deiner Lokalredaktion aufgebaut, dann schicke den Redakteuren ein kostenfreies Belegexemplar deines Buches mit. Vielleicht hast du Erfolg und sie lesen es oder blättern zumindest hinein und berichten darüber. Und wer weiß, vielleicht klopft auch eine Talkshowredaktion irgendwann einmal an deine Tür?

Hast du gar keine Ahnung, wie du Kontakte zu Redakteuren bekommen sollst oder wie du eine Pressemeldung schreibst, dann gibt es auch hier Hilfe für dich. Es gibt zahlreiche PR-Agenturen und auch Freelancer, die dich dabei unterstützen, deine Meldung zu schreiben und an relevante Medien zu verteilen. Egal, welchen Weg du wählst, vergiss niemals, PR zu machen. Am besten kontinuierlich, damit die Redaktionen sehen, dass du keine Eintagsfliege bist.

Podcasts

Podcast hier und Podcast da – Podcasts schießen seit einigen Jahren wie Pilze aus dem Boden. Es scheint fast, als ob ein Podcast „zum guten Ton" gehört. Viele große Namen auf dem Coachingmarkt haben selbstverständlich Podcasts, die sie regelmäßig mit Inhalten bespielen, zum einen, um damit Inspiration für die Hörer zu bieten, zum anderen, um mit der Zeit über die Beiträge Produkte oder Dienstleistungen zu verkaufen. Podcasts dienen in erster Linie dem Vertrauensaufbau und können ein geniales Medium sein, um eine neue Zielgruppe zu erschließen.

Laut socialmediastatistik.de haben im Jahr 2020 mehr als 36 Prozent der Bevölkerung in Deutschland Podcasts gehört, das sind mehr als 25 Millionen Menschen! Doch bevor du jetzt losrennst, dir ein Mikrofon kaufst und deinen Podcast startest, solltest du dir bewusst machen, ob ein Podcast überhaupt etwas für dich ist.

Auch ich schiele auf die bekannten Namen in der Branche und bin beeindruckt, was diese Menschen alles auf die Beine stellen. Sie haben einen Podcast, sind omnipräsent auf Social-Media, stehen ständig auf Bühnen und schreiben andauernd Bücher. Zudem sind sie in der Presse, haben einen YouTube-Kanal und jetten gleichzeitig noch in der Welt herum. Wie machen die das alles?

Zumindest sind alle diese Dinge das, was wir heute von diesen Leuchtturm-Persönlichkeiten sehen. Was wir nicht sehen, ist der Weg, den diese Menschen gegangen sind, die vielen Stunden, Tage und Wochen, die sie vor nur wenigen Menschen in irgendeinem

Gemeindezentrum gesprochen haben, die vielen hundert Presseartikel, die nicht veröffentlicht wurden, und die langen Jahre an persönlicher und beruflicher Weiterentwicklung. Irgendwann ist der Tag da und diese Menschen erscheinen wie ein Phönix aus der Asche auf der Bildfläche und sind praktisch über Nacht erfolgreich geworden.

Doch dieser Erfolg über Nacht ist von langer Hand vorbereitet. Ausdauer, Biss und ein starkes Warum treiben diese Menschen an und das, was sie heute nach außen tragen, ist nicht das, was diese Personen groß gemacht hat. Und dazu gehört eben auch nicht unbedingt ein Podcast. (Vor allem keiner, der gestartet und dann aus Zeitmangel nicht regelmäßig mit neuen Inhalten gefüllt wird… ich weiß leider, wovon ich spreche.)

Mache dir bitte bewusst, dass zahlreiche bekannte Namen ein Team im Hintergrund haben. Ein Team, das ihre Social-Media-Accounts betreut, Pressemitteilungen für sie schreibt und Podcastfolgen schneidet, hochlädt und die Show-Notes dazu schreibt.

Möchtest du unbedingt einen eigenen Podcast starten, solltest du dir bewusst machen, dass du anfangs reichlich Zeit oder Geld in dieses Vorhaben investieren musst. Du brauchst die passende Plattform, ein Intro und Outro (also Vor- und Abspann), eine gute Aufnahmemöglichkeit, ein Schnittprogramm und Zeit, um mindestens zehn Folgen vorzuproduzieren. Wenn Hörer nämlich auf deinen Podcast stoßen, dann wollen sie nicht nur eine Folge hören und dann eine Woche warten, sondern sie möchten einige Folgen auswählen und anhören, um dann zu entscheiden, ob sie dir auch weiterhin folgen. Alleine ist das kaum zu schaffen, vor allem nicht, wenn du bereits gut gebucht bist und jetzt (hoffentlich) nach der Lektüre dieses Buches DEIN Buchprojekt angehen wirst.

Hast du die Zeit und Kompetenz nicht, dich um all die obengenannten Punkte selbst zu kümmern, gibt es zahlreiche Dienstleister, die Podcasts komplett für dich produzieren oder dir einen Teil der Arbeit abnehmen. Sprechen musst du trotzdem selbst. Alternativ zu einer One-Man oder One-Woman-Podcastshow kannst du dir auch Gäste in deinen Podcast einladen und ein lockeres Gespräch führen, auch das ist eine schöne Möglichkeit. Achte hier unbedingt auf Relevanz für deine Zielgruppe! Natürlich ist es schön, wenn du mit deiner Freundin einen lockeren Plausch über die neuesten Nagellackfarben führst. Möchtest du allerdings Kunden auf dich und bspw. dein Coaching für Zeitmanagement aufmerksam machen, geht der Schuss nach hinten los.

Doch da Podcasts eine geniale Möglichkeit sind, um deine Zielgruppe zu erreichen, hier mein Tipp:

Lass dich selbst in bereits vorhandene Podcasts einladen. Suche dir Podcasts von Menschen aus, die deine Zielgruppe adressieren. Und dann schicke diesen Podcasts-Hosts eine nette Mail, stelle dich mit deiner Expertise (und deinem Buchtitel) vor und frage, ob er oder sie daran interessiert ist, dich einzuladen. Schicke möglichst eine Arbeitsprobe von dir mit, ein Video, eine Aufnahme oder einen Text, damit dein Wunsch-Podcaster erkennen kann, ob du „podcastfähig" bist. Bist du unsicher und aufgeregt bei Ton- oder Bildaufnahmen, dann solltest du deinen Plan noch mal überdenken. Niemand MUSS einen Podcast haben!

Wenn du aber gerne mit Menschen sprichst und interessante Dinge zu erzählen hast, die optimalerweise Inspiration liefern, dann solltest du auf jeden Fall versuchen, dich in einen Podcast einladen zu lassen. Um deinem Gastgeber die Einladung zu erleichtern, könntest du sogar über eine Affiliate-Lösung nachdenken.

Hier kannst du ein Produkt von dir (einen Online-Kurs, einen Download oder sogar dein Buch) im Podcast bewerben und gibst deinem Gastgeber dafür einen besonderen Link (etwa zu einer Landingpage). Für jedes verkaufte Produkt bekommt dein Gastgeber dann eine Affiliate-Provision. So entsteht eine Win-Win-Situation. Du kannst die Reichweite deines Gastgebers nutzen und dein Gastgeber verdient vielleicht sogar noch etwas durch dich.

Ein Zusatzeffekt von Podcastfolgen ist, dass eine Erwähnung in den Show-Notes (möglichst samt Verlinkung) deine Auffindbarkeit in den Suchmaschinen steigert.

Radio/TV

Wie du bereits gelesen hast, kann eine simple Pressemeldung schon zu einem Fernsehauftritt führen. Doch auch eine Direktansprache von Radio- und Fernsehsendern kann funktionieren, sobald du dein Buch geschrieben hast.

Insbesondere Lokalradiosender sind häufig froh über spannende Gäste in ihrem Programm. Schreibe die Redaktion entweder mit deinem Buchthema oder einem Thema an, zu dem du eine fundierte Expertenmeinung beisteuern kannst. Ist es November und du bist psychologischer Coach, kannst du vielleicht Tipps gegen eine Winterdepression geben. Bist du Unternehmer und hast ein spannendes neues Projekt akquiriert, dann frage nach, ob es den Sender interessiert. Bist du Trainerin oder Trainer für Führungskräfte, dann suche nach einem Thema, das Führungskräfte gerade beschäftigen könnte. Je allgemeiner und leicht verständlicher dein Thema ist, umso eher ist es für eine Radiosendung interessant.

Das Gleiche gilt auch für TV-Auftritte. Schreibe die Redaktionen von Sendungen, zu denen dein Thema passen würde, direkt an. Mehr als ein Nein kannst du nicht bekommen und du hast es wenigstens versucht. Sei dir sicher, du hast viel mehr versucht als die meisten anderen Menschen, die gerne sichtbarer werden möchten.

Mittlerweile gibt es zahlreiche Agenturen, die dich bei Radio- und Fernsehsendern unterbringen. Dafür wird meist ein sogenanntes „EPK - Electronic Press Kit" gedreht, also ein Video über dich, dein Buch und das, was dich besonders macht. Dieses EPK wird als Bewerbung an zahlreiche Sender verschickt und je nach Erfolg zahlst du der Agentur entweder ein Honorar für jede erfolgreiche Vermittlung oder einen fixen Betrag für das Leistungspaket.

Hast du das nötige Kleingeld, ist diese Vorgehensweise absolut empfehlenswert. Die Agenturen wissen, wie sie dich (und dein Buch) präsentieren müssen, um die Sender auf dich aufmerksam zu machen.

Bezahlte Werbung

Der schnellste Weg zur Bekanntheit deines Buches führt über bezahlte Werbung. Egal, ob du Facebook, Instagram, YouTube, Google-Werbung oder auch Amazon wählst - hast du Werbebudget zur Verfügung, solltest du dir für alle diese Methoden Profis an die Seite holen.

Ich habe mit schlechter, selbst geschalteter Facebook-Werbung schon reichlich Geld verbrannt. Es gibt zahlreiche Stellschrauben, die man, wie ich finde, als „Normalnutzer" nicht mehr überschauen, geschweige denn nachvollziehen kann. Daher an dieser Stelle meine absolute Empfehlung, Profis mit einzubeziehen. Suche dir Menschen, die nachweislich Erfolge in ihrem Wirkungsbereich erzielt haben. Leider gibt es viele schwarze Schafe auf dem Markt, die bspw. Facebook-

Werbung auch nicht besser schalten können als ich.

Vor einigen Monaten habe ich eine neue Facebook-Gruppe für meine Ghostwriting-Akademie gegründet und wollte sie mit Werbeanzeigen befüllen. Ich hätte nun mit meinem halbgaren Wissen eine direkte Anzeige auf die Gruppe geschaltet, um Menschen dafür zu begeistern. Stattdessen habe ich jemanden engagiert, der mir erst einmal erklärt hat, welche Arten von Werbung für eine Gruppe bei Facebook funktionieren und wie ich vorgehen sollte. Ich habe also eine Landingpage mit einem Video und einigen Informationen zur Tätigkeit als Ghostwriter erstellt und von dort aus in die Gruppe verlinkt. Innerhalb von nur wenigen Wochen waren über 300 Menschen der Einladung in die Gruppe gefolgt. Ein Ergebnis, das ich ohne professionelle Hilfe wohl nie erzielt hätte.

Wenn du dieses Buch in den Händen hältst, ist die Wahrscheinlichkeit groß, dass du es online bestellt hast. Um das Buch bekannt zu machen, investiere ich in Anzeigen bei einem Online-Buchhändler. Dafür wurde vorab eine Keyword-Analyse durchgeführt und zudem genau analysiert, für wen dieses Buch interessant sein könnte. Darauf aufbauend wurden Cover, Titel und auch Inhalt erstellt. Und nun hältst du das Buch in den Händen – die Strategie funktioniert.

Egal, ob du YouTube, Google-Ads, Facebook oder auch Amazon oder Bannerwerbung auf Webseiten nutzen möchtest, hole dir Profis an die Seite. Du bist Expertin oder Experte für andere Themen. Auch wenn der Spruch abgedroschen ist und ich generell finde, dass wir immer und überall dazulernen sollten, passt „Schuster, bleib bei deinen Leisten" an dieser Stelle optimal.

Sonstige Aktionen

Deine Marketingaktivitäten solltest du in jedem Fall frühzeitig mit einplanen und nicht erst dann, wenn dein Buch fertig ist. Hier nun noch einige Marketingideen für jedes Budget:

Lesezeichen

Lasse Lesezeichen drucken mit deinem Buchtitel und einem QR-Code, der zu deiner Webseite führt oder auf eine Verkaufsseite für dein Buch. Gehe in Cafés, Restaurants, zu Friseuren oder auch in deine lokale Buchhandlung und frage dort nach, ob du diese Lesezeichen auslegen darfst. Bei Online-Druckereien (z. B. wir-machen-druck.de) bekommst du 100 Lesezeichen schon für 10-15 Euro (je nach Papierstärke und Design). Viele dieser Anbieter haben sogar integrierte Designvorlagen.

Natürlich kannst du auch Flyer drucken lassen, doch ich finde, ein Lesezeichen hat noch einen praktischen Wert, Flyer landen häufig doch in der Mülltonne.

Lesungen

Veranstalte Lesungen. Das funktioniert nicht nur offline, also etwa in einem schönen Café oder Restaurant, sondern auch online. Lade deine Zielgruppe (die du optimalerweise schon vor Veröffentlichung auf dein Buch aufmerksam gemacht hast) persönlich zur Lesung ein. Poste den Termin auf Social-Media. Sorge für eine angenehme Atmosphäre und dafür, dass Leser dein Buch direkt im Anschluss kaufen oder bestellen können.

Für eine Online-Lesung benötigst du eine Kamera, ein gutes Mikrofon und eine ruhige Atmosphäre. Dazu ein Programm, mit dem du deine Lesung überträgst, also beispielsweise Zoom, Microsoft

Teams oder auch direkt auf deinen Social-Media Kanälen.

Bist du bei einem Verlag untergekommen, kann es sein, dass er dich auf Lesereise schickt. Dann brauchst du meist nichts organisieren und kannst dich auf dein Buch und deine zukünftigen Leser konzentrieren.

Hier noch ein Tipp: Übe vorher, Widmungen zu schreiben! Viele meiner Autorinnen und Autoren rufen mich irgendwann, meist kurz nach der Veröffentlichung des Buches an und sagen: „Ich sollte eine Widmung schreiben und wusste nicht, wie man das macht!" Also besorge dir vorab Inspirationen, wie eine solche Widmung aussehen könnte. Die kürzeste Widmung ist sicher: „Für [Name]", doch das geht auch besser, oder? Versuche, bei der Widmung entweder einen Bezug zu deinem Buch oder der Person, der du das Buch widmest, herzustellen. Dann klappt es auch mit der Widmung.

Zeitungsannoncen

Sie sind aus der Mode gekommen, können aber, je nach Zielgruppe, gut für dein Buch geeignet sein. Hast du ein Buch, dass Frauen in ihrer Lebensmitte anspricht, kann sich eine Anzeige in einer Frauenzeitschrift lohnen. Möchtest du Unternehmerinnen und Unternehmer ansprechen, könntest du in einem Unternehmermagazin eine Anzeige schalten.

Zeitungsanzeigen sind nicht günstig, und um möglichst kontrollieren zu können, wie viele Menschen aufgrund der Annonce gekauft haben (und vielleicht sogar noch E-Mail-Adressen einzusammeln), solltest du von der Annonce aus auf eine Landingpage verweisen.

Plakatwerbung

Stell dir vor, jeden Tag sehen tausende von Menschen dein Buch, wenn sie morgens zur Arbeit fahren. Warum also nicht an Plakatwerbung denken? Plakatwerbung ist gar nicht so teuer, wie du vielleicht vermutest. Für 300 Euro kannst du schon zehn Tage lang am Frankfurter Flughafen ein Plakat buchen. Problematisch ist eher das Design, denn dein Plakat sollte absolut professionell sein und mit den meisten Laien-Grafikprogrammen (bspw. Canva) kannst du keine druckfertigen Dateien in der benötigten Größe anfertigen. Unterstützung durch einen Grafiker/Designer ist also empfehlenswert. Ein Anbieter für Plakatwerbung ist 123Plakat.de.

Buchmessen

Viele Autorinnen und Autoren träumen davon, einmal in ihrem Autorenleben auf der Frankfurter Buchmesse auszustellen. Hast du einen Verlagsvertrag und ist dein Buch im Verlagsprogramm ein Topseller, weil es eine große Zielgruppe anspricht, ein noch nie dagewesenes Thema berührt oder schlicht das Beste ist, was der Verlag je veröffentlicht hat, wird dein Buch vermutlich automatisch auf dem Stand deines Verlages präsentiert und vielleicht kannst du sogar eine Lesung vor Ort halten.

Als Self-Publisher mit Eigenverlag kannst du dich mit einem eigenen Stand präsentieren und dein Buch vorstellen. Das lohnt sich jedoch nur, wenn du ein Buch hast, das für eine große Menge Menschen interessant ist (also etwa ein Kochbuch). Allerdings – wenn es dein Traum ist, einmal mit deinem eigenen Stand auf der Buchmesse zu stehen, warum nicht?

Affiliate-Werbung

Hast du Geschäftspartner, Kunden, Social-Media-Kontakte oder einfach nur Bekannte, die das, was du tust, genial finden? Die dein Buch schon gelesen haben und es weiterempfehlen? Dann ermögliche diesen Menschen, dein Affiliate zu werden.

Affiliates sind Vertriebspartner, die dich beim Verkauf deiner Produkte oder Dienstleistungen unterstützen. Sie empfehlen dein Buch oder auch deine Produkte an interessierte Personen und erhalten dafür eine Provision, entweder pro Empfehlung oder pro Kauf. Die Höhe dieser Provision kannst du frei mit deinen Affiliates verhandeln. Entweder du bezahlst ihnen eine fixe Summe (z. B. 5 Euro pro verkauftem Buch) oder einen prozentualen Anteil. Dieses System funktioniert übrigens nicht nur für Bücher, sondern für alles, was du anzubieten hast, wie zum Beispiel Seminare, Coachings, Webinare etc.

Affiliate-Partnerschaften kannst du über Zahlungsanbieter wie etwa Digistore oder Copecart mit wenigen Klicks einrichten. Deine Vertriebspartner erhalten dann (nach ihrer Anmeldung auf der Plattform) einen Link, den sie an interessierte Personen weitergeben können und erhalten automatisch (meist beim Kauf) die Provision dafür.

Optimal ist es natürlich, wenn du Affiliates hast, die über eine große Reichweite verfügen. Doch auch deine Follower auf Social-Media, Menschen, die schon mit dir zusammengearbeitet haben, oder diejenigen, die dein Buch gelesen haben, können deine Affiliates werden. Es gibt einige Coaches, die ihre Produkte ausschließlich über Affiliate-Marketing verkaufen.

The sky is NOT the limit

Natürlich gibt es auch noch einige Aktionen, die du betreiben kannst, wenn du richtig viel Budget hast. Hier ein paar Ideen:

- Miete ein Werbebanner an einem Flugzeug und lasse es im Sommer über den Strand bei El Arenal auf Mallorca fliegen
- Lass direkt ein ganzes Flugzeug mit deinem Buchtitel lackieren
- Miete alle Werbeflächen an einem Flughafen und plakatiere sie

mit einem Bild von deinem Buch

- Mache Fernseh- oder Radiowerbung
- Kaufe Werbefläche auf einer prominenten Webseite
- Versuche, dich ins Dschungelcamp einzuschleusen und nimm dein Buch mit, das du für alles benutzt. Als Teller, als Machete, als Sitzfläche, zur Unterhaltung…
- Alternativ geht auch Big Brother
- Kaufe dein Buch selbst 100.000-mal, um damit auf die offiziellen Bestsellerlisten zu gelangen
- Lass deinen Buchtitel in ein Getreidefeld schreiben und fotografiere es von oben
- Verschicke dein Buch an Stars und Sternchen der Unterhaltungsindustrie mit der Bitte, es einmal in die Kamera zu halten
- Veranstalte deine eigene Buchmesse
- Lass dein Buch verfilmen
- Entwirf Merchandising Produkte rund um dein Buch (T-Shirts, Taschen, Pullover usw.) und verschenke diese an möglichst viele Menschen
- Plane eine Guerilla-Marketing-Aktion (z. B. einen Flashmob, bei dem hunderte Menschen dein Buch in der Hand halten und daraus vorlesen)

Was fällt dir noch ein? Sei kreativ!

Egal, was du tust, du siehst: Alles, was Aufmerksamkeit erzielt, ist gut. So funktioniert Marketing nun einmal, nicht nur für deine Bücher, und auch, wenn es dich anfangs vielleicht Überwindung kosten wird –

sei bitte alles im Marketing, außer normal und langweilig (und vielleicht auch im echten Leben?).

Die Aufmerksamkeitsspanne der meisten Menschen auf Social-Media beträgt nur wenige Millisekunden. Also nutze die Zeit, die dir zur Verfügung steht, so gut du kannst. Sei verrückt, sei anders, trau dich, vielleicht auch einmal über das Ziel hinauszuschießen. Das führt mich zum letzten Kapitel, dem entscheidenden Kapitel.

Schritt 12

Mehr als nur Schreiben ...

Ich vermute, du hast es in den vergangenen Kapiteln bereits erkannt: Nur mit dem Schreiben eines Buches ist es nicht getan. Stattdessen solltest du dein Buch als das sehen, was es ist: Ein komplexes Projekt, an dem nicht nur du, sondern auch noch weitere Parteien mitarbeiten und mitwirken, seien es nun Autorencoaches, Ghostwriter, Designer, Lektoren, der Verlag oder sogar dein Umfeld.

Viele Autorinnen und Autoren sind ob der Vielfalt und Komplexität der zu erledigenden Aufgaben erst einmal erschlagen. Sie überlegen, ob das Buch wirklich das richtige Medium für sie ist, oder gehen den vermeintlich leichten Weg und beauftragen einfach irgendeinen Texter für ein paar Cent pro Wort, der ihnen irgendetwas zusammenschreibt.

Kann man machen, solltest du aber nicht. Dein Buch, das optimalerweise mehrere Jahre auf dem Markt ist, dir Kunden bringen soll, deinen Expertenstatus auf das nächste Level hebt und dich stolz machen soll, hat nur das Beste verdient, um das Beste für dich zu tun.

Um also die Vielzahl der Aufgaben im Griff zu behalten, solltest du dein Buchprojekt von Anfang an planen, und zwar detailliert und vor allem realistisch, insbesondere, was den Zeitaufwand angeht.

Viele der Autorinnen und Autoren, die ich schon begleiten durfte, unterschätzen, wie lange ein solches Projekt dauern kann. Hier einmal ein Beispiel:

Es handelt sich dabei um ein Gemeinschaftsprojekt mit 17 Autorinnen und Autoren. Die Basis für das Projekt waren Kongressinterviews. Zuerst ging es für mich darum, die Kongressinterviews zu bearbeiten. Nach etwa zwei Monaten waren alle vorhandenen Interviews fertig. Dann gab es noch zwei Nachlieferungen, die ebenfalls noch bearbeitet wurden. Dauer insgesamt: Ca. 3 Monate.

In der Zwischenzeit prüften die Kongressteilnehmer ihre Texte gegen. Nachdem alle geprüft hatten (trotz Deadline mit teilweise erheblicher Verzögerung) ging es darum, in welcher Reihenfolge die Texte eingestellt werden sollten. Manche hatten ihre Autorenprofile noch nicht vollständig abgegeben. Durch die Urlaubszeit verzögerte sich auch das wieder… Dauer insgesamt: Ca. 3 Monate.

Parallel wurde das Cover designt, das etwa vier Schleifen brauchte, bis es perfekt passte. Und zuletzt noch der Buchsatz, bei dem dann auffiel, dass einige der QR-Codes, die in das Buch eingebunden werden sollten, zwischenzeitlich nicht mehr aktuell waren…Dauer insgesamt: Ca. 2 Monate.

Ich will dich hier gar nicht mit Einzelheiten langweilen, auf jeden Fall hat dieses Projekt letztlich mehr als ein Dreivierteljahr Zeit in Anspruch genommen. Nicht wegen des Schreibens an sich, sondern wegen der vielen Dinge, die „drumherum" geregelt werden mussten.

Doch bitte keine Angst! Wichtig ist, dass du dir bewusst machst, dass du neben dem Schreiben noch einige zusätzliche Dinge erledigen darfst, um dein Projekt zum Erfolg zu führen.

Ein bedeutungsvoller Punkt, den du auf keiner Projektliste findest, folgt nun. Ohne deine innere Einstellung, dein Mindset, nützt dir die beste Liste nämlich nichts.

Dein Mindset

Was habe ich schon zu sagen? Warum sollte ich ein Buch schreiben? Wen interessiert das? Das, was ich weiß, ist doch nichts Besonderes! Es gibt doch schon tausende Bücher auf dieser Welt. Warum dann noch eines mehr schreiben? Das lohnt sich doch nicht …

Erkennst du dich in diesen Sprüchen wieder? Ja? Dann willkommen im Club. Die meisten der Autorinnen und Autoren, die ich in meinen Coachings begleiten darf, kommen im Buchprozess irgendwann an eine Stelle, an der sie ihr Buchprojekt hinwerfen wollen. Der Schreibfluss stockt, sie verzetteln sich oder der Partner hat das Buch gelesen und hält es für schlecht.

Erinnerst du dich noch an meine Geschichte? Bevor ich es geschafft habe, dieses Buch und viele weitere für meine Kunden zu schreiben, bin ich genau diesen Glaubenssätzen aufgesessen. *Was habe ich schon zu sagen? Ich bin nicht gut genug, um ein Buch zu schreiben.*

In den vergangenen Monaten und Jahren habe ich mich viel mit dem Thema Glaubenssätze beschäftigt. Ich denke, die meisten von uns tragen zahlreiche hinderliche Sätze mit uns herum, aber auch viele positive. Merkst du, dass du immer wieder, nicht nur bei deinem Buch, an deine Grenzen stößt und dich irgendetwas zurückhält, deine wahre Größe zu leben und Autorin oder Autor zu werden, dann suche dir bitte einen Coach, mit dem du diese Themen angehst. Denn um ein Buch zu planen, zu schreiben, zu veröffentlichen und zu vermarkten, solltest du dir darüber bewusst sein, dass du dich auf eine Reise einlässt. Eine Reise auf zu neuen Ufern und auch dir selbst.

Buch schreiben macht etwas mit dir

Dein Buch sind nicht einfach nur aneinandergereihte Wörter. Ausgenommen, du schreibst ein reines Fachbuch (nur Fakten), wirst du ansonsten immer einen Teil deiner Persönlichkeit mit in dein Buch geben.

Sicher ist dir aufgefallen, dass dieses Buch „locker" geschrieben ist. Ich verwende eine klare, deutliche Sprache und nutze gerne Sprichwörter. Damit hoffe ich, dass du einen Teil von mir zwischen den Zeilen lesen kannst. Warum sollte ich mich auch verstellen? Darauf habe ich keine Lust. Stelle dir vor, du schreibst dein Buch völlig gestelzt, wählst nur schlaue Wörter, überdenkst jeden Satz mehrmals, bis er absolut perfekt ist und hast am Ende ein Buch, dass zwar jeglichen Regeln der Schreibkunst genügt, dich aber nicht widerspiegelt.

So ein Buch will ich nicht schreiben. Das wäre mir viel zu anstrengend. Ich müsste mich verstellen, könnte nicht im Flow schreiben und hätte letztlich auch keinen Spaß daran. Denn genau dieser Perfektionismus hat mich bei meinen ersten Schreibversuchen eingeholt. Ich dachte, ich MÜSSTE unbedingt ein perfektes Buch schreiben, weil viele Menschen es mir gesagt haben. Doch tief in meinem Inneren waren zu viele Zweifel, zu viele Glaubenssätze, die mich zurückgehalten haben. Es hat mehr als zehn Jahre gebraucht, diese zu erkennen und wegzuschieben. [12]

---

12 P.S. Du hältst nun bereits die zweite Version dieses Buches in den Händen. Nach einiger Überlegung und nochmaligem Lesen einiger Sätze habe ich diese nochmals leicht verändert. Doch nicht, weil sie mir nicht mehr gefallen haben, sondern weil sie schlicht und ergreifend schlecht verständlich waren. Das Verständnis für deine Leser MUSS immer im Vordergrund stehen. Das authentischste Sachbuch nützt dir nichts,

Wenn du ein Buch schreibst und selbst dann, wenn es nicht viel deiner persönlichen Geschichte enthält, wirst du mit dir selbst konfrontiert. Du findest heraus, ob das, was du zu sagen hast, nicht nur allgemeines Wischi-Waschi ist oder ob etwas dahintersteckt. Du reflektierst dein Wissen, deine Vergangenheit, alles, was du bisher gelernt hast.

Manches davon kommt in dein Buch, manches davon verwirfst du auch wieder. Viele Dinge bringen dich zum Schmunzeln, anderes macht dich wütend oder traurig. Du durchlebst während deines Schreibprozesses viele Emotionen noch einmal, positive wie negative. Und das kann durchaus anstrengend sein.

Deine Geschichte zu erzählen ist vielleicht schmerzhaft. Dein Wissen durch Quellen und Referenzen zu untermauern kann mühsam und langweilig sein. Das Projektmanagement für dein Buch kann dich in den Wahnsinn treiben. Und dann kommt der Moment, wenn dein Buch veröffentlicht ist und die erste positive, oder auch negative Rezension erscheint.

Ein Buchprojekt mit all seinen Anforderungen ist ein Wechselbad der Gefühle.

Dieses Wechselbad kann ich dir nicht abnehmen und das möchte ich auch nicht. Ich möchte nur, dass du dir dessen bewusst bist, dass du während des Schreibprozesses von himmelhochjauchzend bis zu Tode betrübt sein kannst und wirst. Du darfst dir bewusst machen, dass du dein Buch lieben und hassen wirst. Dass du dich fragen wirst, warum du dir das antust und wofür. Dass du dein Buch zwischendurch vielleicht Wochen oder Monate nicht mehr anpackst, weil du es nicht mehr sehen

---

wenn deine Leser es nicht verstehen.

kannst. Oder dein Alltag mit voller Wucht einschlägt und du keine Zeit mehr findest, weiterzuschreiben.

Dann wird dir ein starkes WARUM weiterhelfen. Ist dieses WARUM nicht stark genug, wird dein Buchprojekt scheitern. Mit diesem WARUM meine ich die vielen Gründe, die du im ersten Kapitel erfahren und für dich ausgearbeitet hast, also die rein sachlichen Gründe dafür, WARUM du dein Buch schreiben möchtest und wirst. Doch das wirkliche WARUM liegt meist tiefer.

Bitte sei dir darüber im Klaren, was genau dieses WARUM für dich ist.

Mein wirkliches WARUM für dieses Buch habe ich lange Zeit nicht gefunden. Ja, ich wollte mein Wissen nach außen tragen. Ja, ich wollte Menschen inspirieren. Ja, ich wollte dieses Buch für mein Ego. Ja, ich brauche es für meine Kundengewinnung. Das sind alles gute Gründe. Doch sie lagen nur an der Oberfläche und waren nicht stark genug, um mich durch den Schreibprozess zu tragen. Erst als ich entdeckt habe, was tatsächlich hinter diesen ganzen WARUMS steckt, konnte ich diesen Grund hinter mir lassen und das Projekt durchziehen. Der wahre Grund ist ein sehr persönlicher.

Denn ich habe irgendwann erkannt, dass ich unglaublich wütend war. Ich war wütend darüber, dass ich mich jahrelang selbst klein gehalten habe, mir selbst erzählt habe, dass ich es nicht wert bin, ein Buch zu schreiben, mir Geschichten aufgetischt habe, dass ich nicht genug Wissen hätte. Uff, das war ehrlich an dieser Stelle.

Und um diese Wut in Taten umzuwandeln, schreibe ich dieses Buch. Auch, um es mir selbst zu beweisen. Um mir selbst klarzumachen, dass ich es kann und wert bin. Ohne Wenn und Aber.

Dieses WARUM hat mich nun durch zahlreiche intensive Schreibwochen getragen. Jedes Mal, wenn ich aufgeben wollte, habe ich daran gedacht, dass dann meine Glaubenssätze und dadurch meine Wut wieder die Oberhand gewinnen würden. Und das hat mich dranbleiben lassen. Denn ich wollte nicht mehr wütend auf mich selbst sein.

Also, was genau ist dein WARUM und ist es stark genug?

Dein Umfeld

Ein weiterer Gegenspieler auf dem Weg zum eigenen Buch kann dein Umfeld sein. „Jetzt bist du verrückt geworden. Meinst, du wärst etwas Besseres. Was willst du schon schreiben?" Alternativ geht es auch subtiler: „Seit du schreibst, hast du gar keine Zeit mehr für mich. Räum endlich dein Zeug weg. Wir gehen gar nicht mehr zusammen spazieren und du hast gar keine Zeit mehr für einen Tratsch. Es gibt nur noch Dosenravioli. Wann kochst du endlich wieder etwas Gescheites?" Das sind alles Sprüche, die sowohl ich als auch meine Coaching-Kunden schon häufig gehört haben.

Dein Umfeld liebt dich so, wie du bist. Es möchte nicht, dass du dich veränderst, und will dich vor Schaden schützen. Mit einem Buch trittst du in die Öffentlichkeit, heraus aus deiner Blase. Du bist Autorin oder Autor und hast etwas geschafft, was nur wenige Menschen schaffen. Du bist anders. Vielleicht erkennst du im Schreibprozess, dass du zu so viel mehr fähig bist als bisher. Du lernst spannende Menschen auf deinem Weg kennen, die dich fördern und fordern, dich unterstützen und ermuntern, etwas neu und anders zu machen.

All das entfernt dich vielleicht von deinem Umfeld, deinem Partner, deinen Freunden oder auch Kindern. Ist dein WARUM nicht stark genug, wirst du dich von deinem Buchprojekt und der damit einhergehenden Veränderung zurückhalten lassen. Die Worte klingen vielleicht hart an dieser Stelle, aber du musst überlegen, was dir wichtiger ist. Ich meine damit nicht, dass du deine Familie verlassen sollst oder alle deine

Freundschaften vernachlässigen oder sogar aufkündigen sollst, doch du musst bereit sein, Menschen die Wahrheit zu sagen und sie damit vielleicht vor den Kopf zu stoßen.

Nicht alle in deinem Umfeld werden verstehen, was du vorhast. Ihnen darfst du klar zu verstehen geben, dass dir dein Projekt enorm wichtig ist. Dass du es durchziehen willst. Dass du dir Unterstützung wünscht und bereit bist, hart dafür zu arbeiten. Und wer dich nicht unterstützt, der hat Sendepause. Vielleicht kennst du folgendes Zitat von Mahatma Ghandi:

> *„Zuerst ignorieren sie dich, dann lachen sie über dich,*
> *dann bekämpfen sie dich und dann gewinnst du."*

Ich finde, das passt hervorragend an dieser Stelle. Also lasse dich bitte nicht runterziehen. Mache insbesondere deinem direkten Umfeld klar, dass dein Buch dir enorm wichtig ist und dass nun eine Zeit kommt, in der dich alle unterstützen müssen. In der vielleicht deine Kinder häufiger als sonst Dosenravioli essen müssen oder deine Partnerin oder dein Partner sonntags alleine spazieren gehen muss. Signalisiere deinem Umfeld, dass es nichts mit ihnen als Personen zu tun hat. Und dann mach dein Ding und schreibe dein Buch!

Dein Wohlergehen

Weißt du, was das Wichtigste an deinem Buch ist? Nicht der Titel, nicht das Cover oder schicke Grafiken, nein, das Wichtigste bist du!

Anfang 2020 habe ich einen Kundentermin für ein Ghostwriting-Projekt in Hamburg angenommen. Ich freute mich auf das Projekt, das Reisen und darauf, den Kunden wiederzusehen. Leider verknackste ich mir schon vor Weihnachten den unteren Rücken und konnte einige

Wochen kaum laufen. Trotz Wärme, Bewegung, soweit es möglich war, und sogar der einen oder anderen Schmerztablette wurde es nicht besser. Zwei Tage vor dem Termin lag ich abends in der Badewanne und hörte einem Facebook-Live-Workshop von einem Money-Mindset-Coach zu. Während des Lives sagte die Dame mit einem Mal (sinngemäß übersetzt, denn das Live war auf Englisch): *Wenn es dir gerade nicht gutgeht, dann überlege, was das Liebevollste ist, das du gerade für dich selbst tun kannst.*

Auweia, das saß. Ich lag mit Schmerzen in der Badewanne und fühlte mich mit einem Mal noch schlechter als vorher: Würde es mir guttun, wenn ich in zwei Tagen mit dem Auto nach Hamburg fahre? Wäre ich in meiner vollen Kraft, zwei Tage lang ein Interview zu führen? Könnte ich die Zeit genießen? Die klare Antwort war: Nein. Sofort meldete sich aber das Teufelchen auf meiner Schulter: *Du kannst nicht einfach den Termin absagen! Der Kunde hat auch wenig Zeit, dann verschiebt sich das Projekt ewig. Du hast schon eine Anzahlung bekommen. Wenn du absagst, giltst du als unzuverlässig.*

Und noch vieles mehr. Ich ging ins Bett und als ich am nächsten Morgen aufwachte und nur unter Schmerzen aufstehen konnte, wurde mir aber klar: Es geht nicht. Ich griff zum Hörer und sagte den Termin ab. Mein Kunde war verständnisvoll und es gelang uns, den Termin um nur eine Woche zu verschieben. Zwar hatte ich da immer noch Rückenschmerzen, aber längst nicht mehr so schlimm. Wir führten ein spannendes Interview und ich nutze die Gelegenheit sogar noch, um von Hamburg aus einen Tag ans Meer zu fahren.

Das Wichtigste für dein Buchprojekt bist du. Du musst für dich sorgen. Du brauchst deine volle Energie, um diese Energie zwischen die Wörter und Zeilen deines Buches zu verpacken. Deine Leser werden es merken, wenn du nur halbherzig bei der Sache bist. Also sorge für dich:

Schaffe dir eine optimale Arbeitsumgebung. Nicht zu kalt, nicht zu warm, gut beleuchtet, ergonomisches Arbeitsumfeld und frische Luft. Sorge für Ruhe. Hänge ein Schild an die Tür, dass du nicht gestört werden möchtest. Stelle ausreichend Getränke bereit.

Doch das sind nur die äußeren Faktoren: Sorge auch für dein inneres Wohlergehen. Kümmere dich gut um dich selbst. Ein Buch zu schreiben kann anstrengend sein. Du gibst eine Menge deiner Energie hinein und das darfst du wieder ausgleichen. Gönne dir einen Spaziergang, eine Massage, eine Meditation, ein gutes Gespräch oder eine Auszeit in der Badewanne.

Ich muss mich hier selbst auch immer wieder am Riemen reißen. Zu gerne möchte ich einfach weiterschreiben, obwohl mein Allerwertester schmerzt oder meine Augen schon brennen. Meist wartet auch noch ein Kundenauftrag nebenher (so auch gerade jetzt, während ich dieses Buch schreibe).

Um mich selbst nicht zu vergessen, stelle ich mir einen Wecker auf meinem Smartphone, der mich stündlich daran erinnert, mich kurz zu bewegen und etwas zu trinken. Eine Osteopathin hat mir einmal den Tipp gegeben, jede Stunde für einige wenige Minuten Kniebeugen zu machen oder auch einen Hampelmann. Das aktiviert den Kreislauf und die Durchblutung und danach kannst du wieder klarer denken.

Ein besonders wichtiger Faktor ist Schlaf. Sorge unbedingt dafür, dass du genug schläfst! Mir ist bewusst, dass viele Autorinnen und Autoren die Zeit für ihr Buchprojekt von ihrer Schlafdauer abknapsen. Sie stehen morgens früher auf oder schreiben abends, wenn alle im Bett sind. Zu einem Teil ist das sicher in Ordnung, eine halbe Stunde fällt nicht ins Gewicht, doch achte bitte darauf, dass du nicht nur noch fünf Stunden schläfst, während du dein Buch schreibst. Ich kann und möchte hier keine allgemeine Empfehlung abgeben und weiß, dass es mittlerweile „Biohacker" gibt, die angeblich dafür sorgen können, dass du mir nur vier oder fünf Stunden Schlaf genauso leistungsfähig bist wie jemand, der sieben, acht oder sogar neun Stunden schläft.

Wenn du das ausprobieren möchtest, dann nur zu, vielleicht funktioniert es ja für dich. Doch für alle anderen gilt: Versuche, die Zeit für dein Buchprojekt in deinem normalen Alltag unterzubringen. Dafür musst du wahrscheinlich irgendetwas anderes weniger oder überhaupt nicht mehr machen. Fernsehen, Zeit auf Social-Media oder auch der eine oder andere Abend im Restaurant mit Freunden. Du wirst wissen, was dir unbedingt wichtig ist und was für einen Zeitraum entfallen oder reduziert werden kann.

Wichtig ist, dass du dir ausreichend Zeit für dich selbst nimmst. Geht es dir nicht gut, wird dein Buch nicht gut.

Perfektionismus

Der Killer für jegliche Kreativität ist Perfektionismus. Wenn du jeden Satz so lange formulierst, bis er aus deiner Sicht perfekt ist, stundenlang für eine Aussage recherchierst oder deine Struktur bereits vor Schreibbeginn schon zwanzig Mal umgeworfen hast, weil sie nicht optimal ist, wirst du nie mit deinem Buch fertig.

Also sage dem Perfektionismus auf Wiedersehen. Wenn du anfängst, zu schreiben, musst du erst einmal eine Routine für dich finden. Wann und wo schreibst du? Wie viel schaffst du pro Tag? Wann legst du Pausen ein? Wichtig ist, dass du in den Flow kommst. Dein Gehirn gewöhnt sich schnell an Wiederholungen und nimmt sie nach einiger Zeit als völlig normal hin. Setzt du dich also ein oder zwei Wochen lang jeden Tag nur zehn Minuten hin und schreibst an deinem Buch, wird das irgendwann zu einer Routine, die du gar nicht mehr hinterfragst.

Fängst du aber in deinem Flow an, deinen Text wieder und wieder zu optimieren, daran herumzukritisieren und das Geschriebene ständig zu verwerfen, landest du da, wo ich auch noch vor zehn Jahren war - wütend über meine ungeschriebenen Bücher. Hätte ich meinen Perfektionismus damals beiseitegeschoben, wer weiß, vielleicht wäre ich dann (unter meinem Namen) schon Serienautorin.

Achte also darauf, dass du erst einmal in deinen individuellen Schreibflow gelangst. Dein erster Buchentwurf samt Struktur, Texten und grober Recherche darf aus dir herausfließen. Fange bloß nicht an, deine Texte frühzeitig zu korrigieren.

In meinen Coachings ist das immer ein schwieriger Zeitpunkt. Irgendwann möchten die Autoren ein Feedback zu ihren Texten und ich soll diese lektorieren (was ich in meinen Einzelcoachings auch mache). Ich weiß allerdings, dass durch mein Lektorat der Schreibfluss stocken wird. Die Autoren haben sich Mühe gegeben, zu schreiben, haben ihre Energie und ihr Herzblut in den Text gesteckt und dann kommt irgendjemand daher, der das einfach korrigiert! Unfassbar!

Deshalb lass bitte unbedingt erst einmal alles fließen, was fließen will. Die Optimierung folgt später. Gehe entspannt und ohne Druck an den ersten Textentwurf heran. Lass deiner Kreativität freien Lauf. Schaffe eine Grundlage, die du verbesserst. So kommst du am schnellsten und leichtesten zum Ziel.

Der Spiegel-Bestseller

Selbstverständlich ist es dein Minimalziel, einen Spiegel-Bestseller mit deinem Buch zu landen. Oder etwa nicht? Ruhm und Ehre, Aufmerksamkeit,

Einladungen zu den wildesten Partys in Saint Tropez, Monaco und Dubai. Ständig bist du Talkgast bei Lanz & Co. Dein Buch verkauft sich millionenfach, dein Gesicht prangt auf den Litfaßsäulen des Landes. Zu Terminen fliegst du mit deinem eigenen Helikopter und bei Louis Vuitton hast du einen privaten Shoppingraum, auf dem dein Name steht.

Seufz! Zu schön, um wahr zu sein? Oder bekommst du bei dieser Vorstellung kalte Füße?

Wenn du dieses Buch bis hierhin aufmerksam gelesen hast, dann ist dir höchstwahrscheinlich klar, dass dein Buch einiges für dich tun kann, auch wenn es kein Spiegel- oder New-York-Times-Bestseller wird. Ich bin ein Freund davon, groß zu denken, wovon ich jedoch kein Freund bin, ist, nicht ergebnisoffen zu sein. Ziele ruhig hoch, meinetwegen auch in Richtung Spiegel-Bestseller, allerdings eher mit dem Hintergedanken, dein Buch so genial zu planen, zu schreiben, zu überarbeiten und zu gestalten oder gestalten zu lassen, dass es einem Spiegel-Bestseller in nichts nachsteht. Gib einfach dein Bestes. Halte deine Zielgruppe im Blick und das, was du für deine Leser mit dem Buch bewirken kannst. Ob dein Buch dann ein Bestseller wird oder nicht, ist natürlich nicht egal, sollte allerdings nicht im Vordergrund stehen. Im Vordergrund steht, dass dein Buch zu deinem Ziel und den Zielen deiner Leser beiträgt.

Und, pssst, bitte nicht verraten: Einen Bestseller in einer Amazon-Kategorie zu erreichen, ist ein reines Zahlenspiel. Einfach gesagt: Verkaufe mehr Bücher als andere in deiner Kategorie und du erhältst den Bestsellerstatus. Hast du das nötige Kleingeld, um in regelmäßigen Abständen über einen längeren Zeitraum einige hundert oder sogar tausend von deinen Büchern über Amazon zu kaufen, gelangst du schnell auf die Bestsellerlisten. Genauso schnell bist du davon auch wieder verschwunden, wenn du nicht dranbleibst. Das klingt recht simpel, ist es in Wahrheit aber nicht. Es spielt eine große Rolle, welches Cover du verwendest, ob dein Titel emotional die Käufer anspricht und ob du die richtige Buchbeschreibung samt sorgfältig ausgewählter Keywords hinterlegt hast. Zudem solltest du unbedingt dein Autorenprofil[13] hinterlegen und up-to-date halten.

Hast du Zeit und Lust, dich in diese Thematik (insbesondere die Keywords und Kategorien) einzuarbeiten, dann viel Freude dabei. Ich überlasse das lieber Profis, denn es gibt so viele Stellschrauben, die es zu beachten gilt, dass ich irgendwann beschlossen habe, mich nicht damit zu beschäftigen.

Unzufriedenheit

Achtung – Warnung! Lies die folgenden Zeilen bitte erst dann, wenn du schon ein Buch geschrieben und veröffentlicht hast.

Der Tag ist gekommen! Dein Buch ist fertig. Es wird veröffentlicht. Innerlich jubelst du, zumindest für kurze Zeit. Danach kommt die Ernüchterung. Du nimmst dein Buch in die Hand und denkst: *Das Cover ist nicht optimal. Auf Seite 148 ist ein Rechtschreibfehler. Zum Klappentext fällt mir auch noch etwas Besseres ein. Und warum habe ich nicht weitergeschrieben? Der Autor XYZ hat 300 Seiten, ich habe nur 250. Grummel, grummel.*

Und dann kommt auch noch eine negative Rezension rein. Anstatt dich zu freuen, was du alles geschafft hast, verfluchst du dich innerlich für dein Projekt. Was hättest du in der Zeit, in der du geschrieben hast, alles Sinnvolles machen können …

Seltsamerweise sehen die meisten Menschen eher das Negative auf dieser Welt. Die Sonne scheint – es ist zu heiß. Die Sonne scheint nicht – was für ein Mistwetter. Das Buch ist nicht fertig – reiß dich

---

13 https://author.amazon.de.

zusammen und schreib mal. Das Buch ist fertig - das hättest du aber besser hinbekommen können.

Falls dich diese Unzufriedenheit überfällt, kannst du nur noch loslassen und versuchen, deinen Blickwinkel zu ändern. Klopf dir auf die Schulter für das, was du geschafft hast. Schau, wie viele positive Rezensionen du bekommen hast, wie vielen Menschen du durch dein Buch schon weitergeholfen hast. Und wenn es nur eine Person ist, die dein Buch gekauft hat, ist auch das ein Erfolg. Diese Person hat Zeit und Geld investiert, um dein Buch zu lesen! Das ist doch genial! Mir ist bewusst, dass reine Buchverkäufe natürlich nicht dein Ziel waren, doch jetzt alles infrage zu stellen, bringt dich auch nicht weiter. Lasse stattdessen etwas Zeit vergehen, bringe Abstand zwischen dich und das Projekt und analysiere dann nüchtern, was du verbessern oder verändern kannst. Ich überarbeite mein Buch zum Beispiel gerade. Du hältst also die zweite Version in den Händen. Und auch in dieser Version gibt es sicherlich noch Verbesserungsbedarf. Doch halt - da war doch etwas mit Perfektionismus? Also weiter...

Hast du an die Leserreise gedacht? Ist dein Schreibstil klar und zielgruppengerecht? Hast du dein Buchmarketing frühzeitig gestartet? War dein WARUM das richtige?

Und - last but not least - hast du dein Buch als Self-Publisher veröffentlicht, kannst du es auch wieder vom Markt nehmen.

Das erste Buch, das ich geschrieben habe, war ein Testprojekt. In kürzester Zeit habe ich einige Seiten zusammengeschrieben, den Zeilenabstand auf doppelt gestellt, selbst ein Cover designt und das Buch bei einem Print-on-Demand-Dienstleister hochgeladen. Anfangs war ich stolz - ich hatte ein Buch! Doch es war kein Buch, eher ein Lesezeichen, und ein Jahr nach der Veröffentlichung nahm ich es vom

Markt. Es passte nicht mehr zu mir.

Ich habe mich weiterentwickelt. Nichts ist für mich schlimmer, als wenn jemand sagt: „Bleib so, wie du bist!" Stell dir einmal vor, wir würden alle immer so bleiben, wie wir sind! Dann würden wir heute noch Windeln tragen und könnten nicht mal laufen. Das Leben ist Veränderung und genau so, wie du dich veränderst, dürfen die Bücher, die du schreibst, sich mit dir verändern. Was nicht mehr zu dir passt, darf gehen, damit Neues in dein Leben treten kann.

Ach ja, und ein Buch ist kein Buch. Die meisten Autorinnen und Autoren sind Serientäter. Hat dich erst einmal das Schreibvirus gepackt, ist es um dich geschehen. Also betrachte jedes deiner Projekte als Sprungbrett für das nächste. Übernimm das, was gut funktioniert hat, und verbessere das, was nicht optimal war. Und bleib bloß nicht so, wie du bist.

Vergiss bitte bei allen Glaubenssätzen, Fettnäpfchen und Steinen auf deinem Weg nie: Du, dein Wissen und deine Geschichten sind wertvoll für diese Welt. Also trage sie hinaus.

Und nun: Gehe es an!

Mit den Tipps aus diesem Buch hast du nun dein Handwerkszeug, wie du Schritt für Schritt dein Expertenbuch planen, schreiben und veröffentlichen kannst.

Lass dich nicht von der Vielzahl an Aufgaben entmutigen und fange noch heute an, dich um dein Buchprojekt zu kümmern, wenn es wirklich dein Traum ist, ein eigenes Buch zu veröffentlichen.

Hinterfrage deinen Wunsch, ein Buch zu veröffentlichen, allerdings immer wieder, bevor du loslegst. Was steckt wirklich dahinter? Was ist dein WARUM? Ist dieses WARUM stark genug? Was soll dein Buch für dich und die Leser tun? Ist ein Buch das richtige Medium?

Wenn du zu allen diesen Fragen ein lautes, deutliches „JA" antworten kannst, dann leg los. Das Gefühl, dein eigenes Buch in den Händen zu halten, wird unglaublich sein. Stelle dir vor, du hast endlich dein eigenes Buch.

Dein eigenes Buch mit deinem Namen auf dem Cover. Ein Buch, das deine Expertise enthält. Das Buch, das ein Stück von dir widerspiegelt. Stelle dir vor, wie das Cover aussehen wird, wie der Titel lautet, wie dein Name auf dem Cover steht. Immer dann, wenn der Weg dir zu weit erscheint und du das Projekt am liebsten aufgeben möchtest, schließe die Augen und stelle dir vor, du hältst dein Buch in den Händen. Wie fühlt es sich an, wenn du über das Cover streichst? Wie sehen die Seiten aus? Wie lautet der erste Satz? Was steht auf der Rückseite?

Und dann stelle dir vor, wie deine Leser genau dieses Buch ebenfalls in den Händen halten werden. Wie sie es aufschlagen, um darin zu lesen. Wie sie sich beim Lesen fühlen werden. Wie sie durch dein Buch ihr Leben ändern, transformieren oder sich bei dir melden, damit du sie dabei unterstützt, ihre Ziele zu erreichen.

Jedes Mal, wenn ich bei diesem Buchprojekt mit leerem Blick aus dem Fenster gesehen habe, weil mir der zündende Funken fehlte, um weiterzuschreiben, habe ich mir vorgestellt, wie du genau jetzt dieses Buch liest und wie du danach (hoffentlich motiviert) dein eigenes Buchprojekt angehst, um damit dein Wissen und deine Expertise in die Welt zu tragen.

Und ich habe mir auch vorgestellt, was passiert wäre, wenn ich dieses Buch nicht geschrieben hätte. Meine Wut und Enttäuschung darüber, dass ich es erneut nicht geschafft habe, wären unermesslich gewesen. Also habe ich mich geschüttelt, einen Schluck Tee getrunken und weitergeschrieben.

Überlege bitte auch: Was passiert, wenn du dein Buch nicht schreibst?

Das Schlimmste, was du jetzt tun kannst, ist dieses Buch wegzulegen und dein eigenes Projekt auf die lange Bank zu schieben.

Weißt du, was erfolglose Menschen von erfolgreichen unterscheidet? Erfolgreiche Menschen treffen Entscheidungen. Diese Entscheidungen müssen nicht immer ein „JA" zu allem sein. Auch ein „NEIN" ist eine Entscheidung. Also triff noch heute diese Entscheidung, dein Buchprojekt zu starten oder es ad acta zu legen. Oder die Entscheidung, es nicht jetzt anzugehen, aber auf jeden Fall in zwei

Monaten, da du dir vorher noch etwas Zeit dafür freischaufeln musst. All das ist völlig in Ordnung. Du entscheidest, was für dich richtig ist. Hauptsache, du entscheidest dich. Und denke dabei bitte nicht nur an dich, sondern an die vielen Menschen, die du mit deinem Buch erreichen und inspirieren wirst. So, wie niemand sonst es kann. Denn du und dein Wissen und deine Geschichten sind einzigartig. Genauso wird es auch dein Buch sein.

Denn auch der längste Weg beginnt mit dem ersten Schritt und auch dein Buch beginnt mit einer Idee – und dem ersten Buchstaben – den du noch heute schreiben kannst.

Und wenn du noch nicht weißt, wie du anfangen sollst, dann entscheide dich dafür, dir Unterstützung zu holen.

Willst du schnell gehen, geh alleine.

Willst du weit gehen, geh mit anderen.

Afrikanisches Sprichwort

Egal also, wie dein Weg aussehen wird: Mache noch heute den ersten Schritt. Gerne bin ich dabei dein Wegbegleiter. Schreib mir, wenn du dir Unterstützung für dein Buchprojekt wünschst.

Und egal, ob du dich bei mir meldest oder nicht. Nutze die Macht und Kraft deiner Worte – für einen wirklichen Impact auf dieser Welt.

Viel Erfolg mit deinem Buchprojekt!

Deine Mirjam Saeger

Der Buch-Letter

Du wünschst dir regelmäßigen Input rund um Buch & Business?

Dann sichere dir jetzt meinen kostenfreien Buch-Letter und hole dir als Dankeschön für deine Anmeldung meinen Kurzreport mit den 7 größten Fehlern, die du machen kannst, wenn du ein Buch schreibst.

Hier geht es zum kostenfreien Buchletter:

Anhang

Das Impressum

Kein Buch ohne Impressum. Dein Impressum muss mindestens folgende Pflichtangaben enthalten, die das Landespresserecht vorschreibt.

Vollständiger Name und Anschrift des Verlegers

Name bzw. Firmenname und Ort der Druckerei

Bei Selbstverlagen muss der Herausgeber/Verfasser genannt werden.

Beispiel

Nachfolgend ein Beispiel (ohne Gewähr - bitte informiere dich über die derzeit geltenden Pflichtangaben).

© / Copyright: XXXX (Jahresangabe)

vollständiger Name des Autors bzw. des Rechteinhabers

Auflage (soweit nicht Erstauflage)

Umschlaggestaltung, Illustration: vollständiger Name aller Mitwirkenden
Lektorat, Korrektorat: vollständiger Name aller Mitwirkenden
Übersetzung: vollständiger Name bzw. Institution
Weitere Mitwirkende: vollständiger Name bzw. Institution

Verlag: Name und Ort des Verlages bzw. Selbstverlegers oder Herausgebers

Druck: Name und Ort der Druckerei

ISBN Paperback: 978-3-XXXX-XXXX-X

ISBN Hardcover: 978-3-XXXX-XXXX-X

ISBN e-Book: 978-3-XXXX-XXXX-X

Bibliografische Information der Deutschen Nationalbibliothek: Die Deutsche Nationalbibliothek verzeichnet diese Publikation in der Deutschen Nationalbibliografie; detaillierte bibliografische Daten sind im Internet über http://dnb.d-nb.de abrufbar

Deutsche Nationalbibliothek

Nach Leipzig schickst du folgende Veröffentlichungen in zweifacher Ausfertigung:

Veröffentlichungen aus Berlin, Brandenburg, Mecklenburg-Vorpommern, Nordrhein-Westfalen, Sachsen, Sachsen-Anhalt oder Thüringen

In einfacher Ausfertigung im Ausland erscheinende Übersetzungen aus der deutschen Sprache

Die Adresse:

Deutsche Nationalbibliothek, Deutscher Platz 1, 04103 Leipzig

Nach Frankfurt am Main schickst du folgende Veröffentlichungen in zweifacher Ausfertigung:

Veröffentlichungen aus Baden-Württemberg, Bayern, Bremen, Hamburg, Hessen, Niedersachsen, Rheinland-Pfalz, Saarland oder Schleswig-Holstein

Die Adresse:

Deutsche Nationalbibliothek, Adickesallee 1, 60322 Frankfurt am Main

Die Landesbibliotheken

Auch an die Landesbibliotheken musst du ein oder zwei Exemplare senden.

Die Adressen findest du hier: https://bibliotheksportal.de/

- Baden-Württemberg => Badische Landesbibliothek (Karlsruhe) + Württembergische Landesbibliothek (Stuttgart)

- Bayern => 2 Exemplare an die Bayerische Landesbibliothek (München)
- Berlin => Zentral- und Landesbibliothek (Berlin)
- Brandenburg => Stadt- und Landesbibliothek (Potsdam)
- Bremen => Staats- und Universitätsbibliothek (Bremen)
- Hamburg => Staats- und Universitätsbibliothek (Hamburg)
- Hessen => unterschiedlich nach Verlagsort
- Mecklenburg-Vorpommern => Landesbibliothek Mecklenburg-Vorpommern
- Niedersachsen => Niedersächsische Landesbibliothek (Hannover)
- Nordrhein-Westfalen => unterschiedlich nach Verlagsort
- Rheinland-Pfalz => unterschiedlich nach Verlagsort
- Saarland => Saarländische Universitäts- und Landesbibliothek
- Sachsen => Sächsische Landes- und Universitätsbibliothek (Dresden)
- Sachsen-Anhalt => Universitäts- und Landesbibliothek Sachsen-Anhalt (Halle a. d. Saale)
- Schleswig-Holstein => Anbieten und auf Verlangen an Universitätsbibliothek Kiel, Schleswig-Holsteinische Landesbibliothek (Kiel) sowie Stadtbibliothek (Lübeck)
- Thüringen => Thüringer Universitäts- und Landesbibliothek (Jena)

Der Buch-Letter

Du wünschst dir regelmäßigen Input rund um Buch & Business?

Dann sichere dir jetzt meinen kostenfreien Buch-Letter und hole dir als Dankeschön für deine Anmeldung meinen Kurzreport mit den 7 größten Fehlern, die du machen kannst, wenn du ein Buch schreibst.

Hier geht es zum kostenfreien Buchletter:

Printed in Poland
by Amazon Fulfillment
Poland Sp. z o.o., Wrocław

30505215R00107